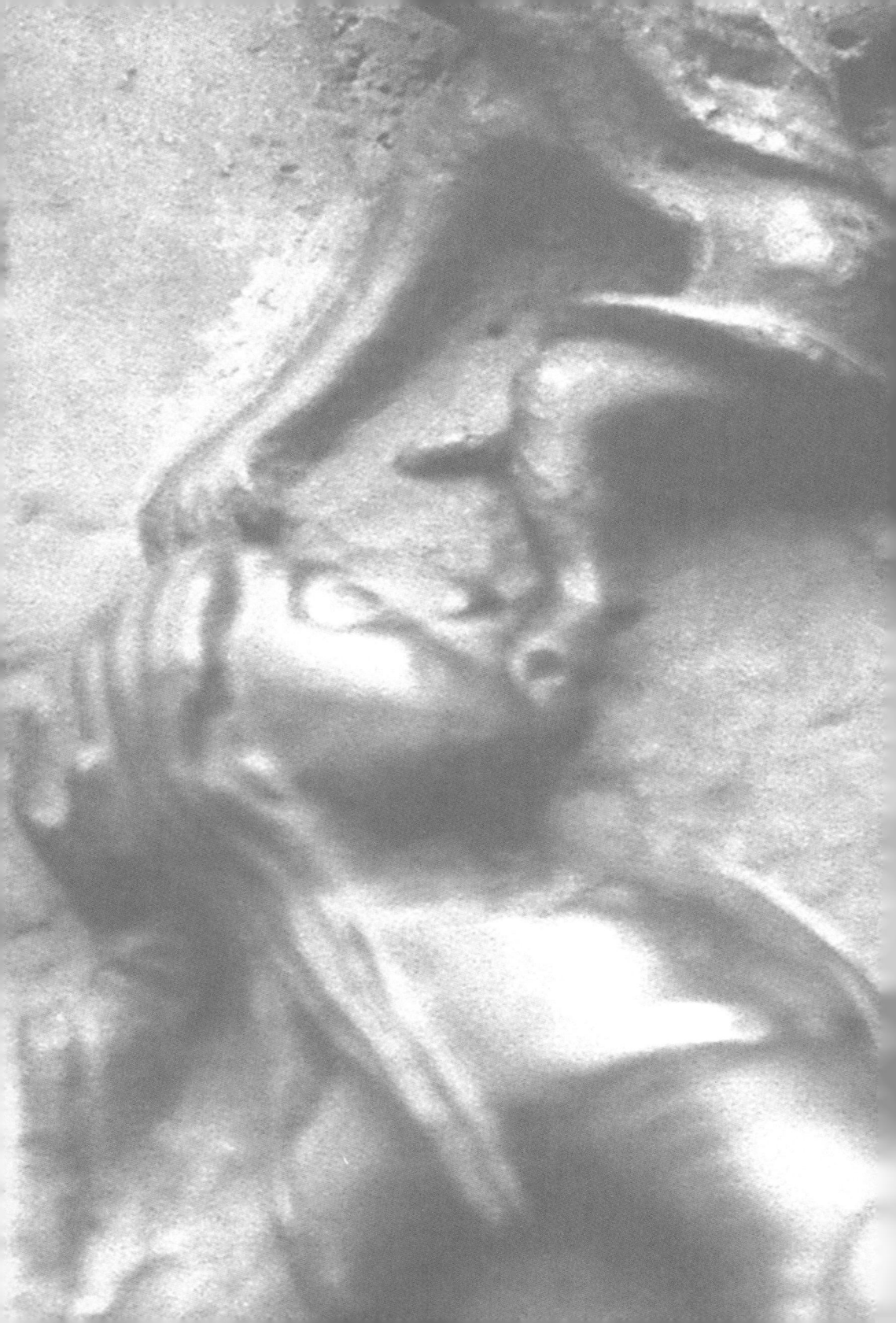

INVENÇÃO

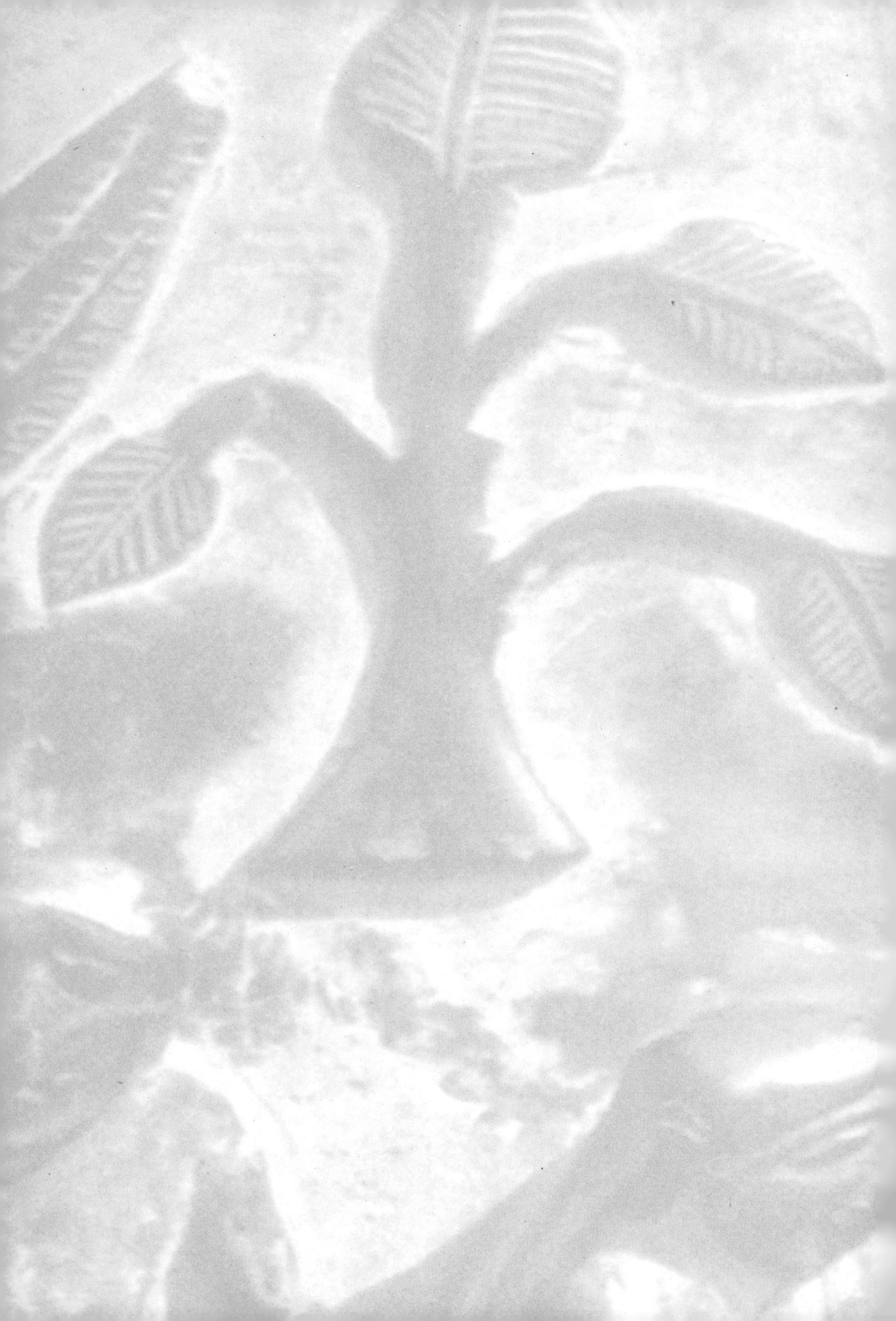

AUGUSTO DE CAMPOS

INVENÇÃO

de Arnaut e Raimbaut
a Dante e Cavalcanti

3.ª edição, São Paulo, 2022

LARANJA ● ORIGINAL

[A Cleber Teixeira,
L'olors de Noa Noa]

SUMÁRIO

BREVE PREFÁCIO / PROVENÇA O SOUBE (2021) 29
INTRODUÇÃO (2002) 33

Mais Provençais 35

PRÉ-MAIS (1987) 37
MAIS PROVENÇAIS: RAIMBAUT E ARNAUT (1980 / 2002) 39

RAIMBAUT E ARNAUT 53
Raimbaut d'Aurenga 55
    Vida 56
    Vida 57

    Pois tal sabers 58
    Pois tal saber 59

    No-say-que-s'es 62
    Não-sei-o-que-é 63

    Er resplan la flors enversa 66
    Já resplende a flor inversa 67

Arnaut Daniel 71
    Vida 72
    Vida 73

    I. Pois Raimons e·n Trucs Malecs 74
    I. Que Raimon ou Truc Malec 75

    II. Chanson do·ill mot son plan e prim 78
    II. Canção de amor cantar eu vim 79

III. *Can chai la fueilla* 82
III. Que a folha caia 83

IV. *Lancan son passat li giure* 86
IV. Quando já se vai a neve 87

V. *Lanquan vei fueill'e flor e frug* 90
V. Se vejo folha e flor e fruto 91

VI. *D'autra guiza e d'autra razon* 94
VI. De outro modo e de outra razão 95

VII. *Anc ieu non l'aic, mas ella m'a* 98
VII. Se eu não a tenho, ela me tem 99

VIII. *Autet e bas entre·ls prims fuoills* 102
VIII. Alto e baixo por entre as folhas 103

IX. *L'aura amara* 106
IX. Aura amara 107

X. *En cest sonet coind'e leri* 114
X. Neste poema agora quero 115

XI. *En breu brisara·l temps braus* 118
XI. Em breve briga o tempo bravo 119

XII. *Doutz brais e critz* 122
XII. Doces ais, gritos 123

XIII. *Er vei vermeills, vertz, blaus, blancs, gruocs* 128
XIII. Vermelho e verde e branco e blau 129

XIV. *Amors e jois e liocs e tems* 132
XIV. Amor, prazer, tempo e lugar 133

XV. *Sols sui qui sai lo sobrafan que·m sortz* 136
XV. Somente eu sei sentir o sobrafã que sente 137

XVI. Ans que·l cim reston de branchas.. 140
XVI. Antes que o sol caia e em brancas.. 141

XVII. Si·m fos Amors de joi donar tant larga 144
XVII. Se Amor me desse uma porção tão larga.................................... 145

XVIII. Lo ferm voler qu'el cor m'intra... 148
XVIII. O firme intento que em mim entra.. 149

Arnaut ou Raimbaut?.. 153
    Entre·l Taur e·l doble signe.. 156
    Em meio ao Touro e ao duplo signo... 157

Adendo aos provençais... 161
    ENTREVISTA / NOIGANDRES: AFUGENTAR O TÉDIO 163
    NOTA COMPLEMENTAR... 172

CANTOS DE DANTE & CANÇÕES DE CAVALCANTI 179
Dante Alighieri 181
    O DESAFIO DOS CANTOS DE DANTE.. 183

Do Inferno... 191
Canto I – Nel mezzo del cammin di nostra vita............................... 192
Canto I – No meio do caminho desta vida... 193

Canto V – Così discesi del cerchio primaio 202
Canto V – Assim desci do círculo primeiro.. 203

Canto VII – "Pape Satàn! pape Satàn aleppe!" 212
Canto VII – "Pape Satan! pape Satan aleppe!" 213

Canto XXVIII – Chi porìa mai pur con parole sciolte 222
Canto XXVIII – Quem poderia mesmo em prosa impura 223

Do Purgatório.. 233
Canto VI – Quando si parte il giuoco della zara 234
Canto VI – Quando o lance de dados os separa 235

Canto XXVI – *Mentre che sì per l'orlo uno innanzi altro* 246
Canto XXVI – Íamos pela margem um bem perto 247

Soneto para Beatriz 257
Tanto gentile e tanto onesta pare 258
É tão gentil, é tão honesto o olhar 259

Guido Cavalcanti 261
SÍLABAS DE SOL 263

Ballata – Quando di morte mi conven trar vita 266
Balada – Quando da morte devo tirar vida 267

Per gli occhi fere un spirito sottile 268
Pelo olhar fere o espírito sutil 269

Chi è questa che vien, ch'ogni uom la mira 270
Quem é esta a que toda gente admira 271

Bibliografia e discografia consultadas 272
Índice de ilustrações 280
Obras de Augusto de Campos 281
Índice onomástico 285

1 Raimbaut d'Aurenga em iluminura de manuscrito do Chansonnier provençal K - Bibliothèque Nationale de France 12473. 2.ª metade do século XIII.

2 Arnaut Daniel em iluminura extraída de manuscrito do século XIII.

3 Arnaut Daniel em iluminura do Chansonnier provençal K - Bibliothèque Nationale de France 12473. 2.ª metade do século XIII.

4 Manuscrito contendo Vida (biografia), iluminura, a Canção X (*En cest sonet*) e a Canção XV (*Sol suis que sai*) - Chansonnier provençal K - Bibliothèque Nationale de France 12473. 2.ª metade do século XIII.

5 Estrofes 3 a 7 da Canção XV (*Sols sui que sai*), Canção XIII (*Ar vei vermeills*) onde aparece a palavra "noigandres", e as primeiras estrofes da Canção (*L'aura amara*) Chansonnier provençal K - Bibliothèque Nationale de France 12473. 2.ª metade do século XIII.

blande mercei.

Verses q̄ samor mestrais. p̄t paue
ni nome uole eschclire. e p̄s la forzal
semē ual utar. oeillz me fora assaz.
Qel cors nu res ses atēdre.
ves tal alcun laz. qe p̄s forza uenz.
nō es dreiz guirrez. el paue esciēz.
Qe mez chap del cultre. dōna mes
ueiaire.
Qeu tē noz brais. seu ues lei felnei.
Qa poder qē sordei. em sordei.

Eu soiorn e engrais. car sab cor me
lanc puois n̄ fui lez nigais. por auāe.
des cui fol usar. qem acliuis pechaz.
Qes fer em fez entēdre.
Graz mēzogna elfaz.
Nosо puois gaurez.
pl' qe lardimez.
En qe masouez.
ni la dōnei are.
Ser us emperaire.
Ses sobriers fais.
Nō er qi lenuei.
Lamors nouol cor segnorie.
Cine no fo qi leu laffrais.
Ni ses uertuz nis ofrire.
Se tot ses en als sauais.
Canz no fos palaz. cuns desmesuraz.
Qis menaza des cōsēclre.
Pet humilitar. uil als conoissēz.
S'de n̄ apn̄z. cor guoil es mēz.
P qe sofertaire. sen ō es galaure.
Cōger aubans. emanei.
Ors cu n̄ clic qe bē estei.
Cane ualors cui uil p̄z funs.
Puil agracnikaff eire.
Ver bē estar nō atrais.

Ni la ries maluaz. ni mal ēseignaz
Noseclegra en haut estēdre.
Sen fos dreiz ui uaz. enaisi mētez.
hec dōe escōssez. qe maualzā genz.
Saius uas dōpna traire. cor des
debonaire.
Oras diceil nais. loes enq̄ follei.
Oras cui nо peza amor annei.

Namart dūnei

Loferm uoler qui z el cor min
tra. nō por ges becr escōscenclre
ni ungla. de lausengier q̄ p̄ per
mal dir. sarma. e car no lauis batre
ab ram ni abueria. si uals a frau
laion n̄ aurai uncle. Liuzitai iоi
en ueizer ocluz chambra.

¶ Lau mi soue de la chanbra.
On al meu dis sai genuls hoz ñ itã.
Anz me sū tuit pl q̃ frare ni uncle.
En o ai mēbre ñ fremi sta ni ucla.
pl qe no sai lēfes denā la uia.
Tal paor ai qel sia trop d'mar ma.
de cors lifos no de larma.
e oz setis a cel at cinz sa chanbra.
Q epl mi naural cors q̃ col duria.
a ar lo seus sers lai on il es no lit.
de leis sai auss i chars i ucla.
Nuno cretai chastic da mi e ni d'ōcle.
Canc la sor de mō oncle.
Nō amei pl ni tã paqest arma.
Cantãz uerzis cōes lo derz del ūgla.
Hal ei plagues uolgres ter d'sa chanb.
de mi pod far lamors qiz el cor
mistra.
Meilz tor q̃ uol q̃z fort d'freuol
puois florit la secca ú la uer ia.
E de adā foro ne bot ni uncle.
Tan fin amor cor cella qel cō mū̃t
No cre q̃ fos e cors ne neis en arma.
On qll es tei fors en plaza o d'inz
chanbra. par
M os cors nor d'leis tā te lu cla.
Caiss i sey̅n e sen ungla.
O es cors e leis i les cors en la uia.
Ail mes de loi tors e palais e chabr.
E nō am tā fraire parēt ni oncle.
Qē paradis naura doble ioi ma ō.
seia nuls hoz p'b̃ā mā lau itra.
N arnaut timet so e au itar du
gle oncle.

Abgrat si dōz q̃ d'sa ui a lar ma.
Sō desirat cui pz en chā bra ītra.

¶ Idem.
Chanzo doil mot son plan

e prim. fas pos era botonoill uior

eil auchoz cun son decoloz. de

tuta floz. cuerdia la fuoilla. eil

chã eil braill. son alonbraill del

auzels pla bruoilla.

¶ Pel broll. auch los chãz el refrim
Ep qom nome faza crim.
O b ri clim moz d'ualoz. abãt damoz.
d'ō nō ai coz q̃ tuoilla.
Anz sube saill. la ses atrail.
on pl uas mi sorguoilla.
petit ual orguoillz damoz
cades trabucha sō seignoz.

6 As primeiras estrofes da Canção XVIII (*Lo ferm voler que'l com m'intra*) e da Canção II (*Chanson do'il mot son plan e prim*) com a notação melódica. Canzoniere provenzale (R 71 Superiore) - Biblioteca Ambrosiana. 1.ª metade do século XIV.

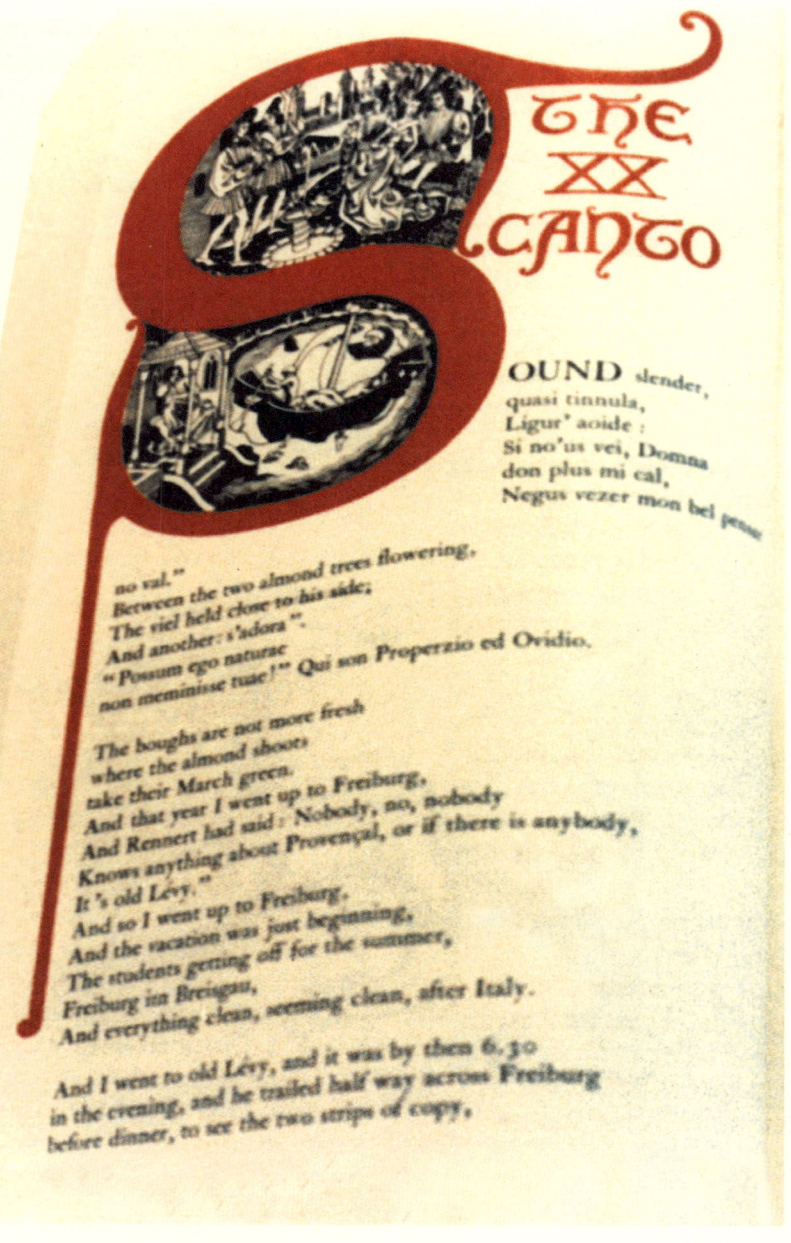

7 Canto XX com a inicial decorada (desenho de Gladys Hynes) na primeira edição de *A draft of the Cantos 17 to 27 of Ezra Pound*. Londres, John Rodker, 1928.

8 Dante com a *Divina Comédia* em mão, por Domenico di Michelino, 1465.

9 Dante e Guido Cavalcanti no quadro "Seis poetas toscanos", de Giorgio Vasari, 1544.

Três Cantos de Arnaut Daniel em traduções de
Ezra Pound e do grupo *Noigandres*

Nas próximas páginas, tradução para
o inglês dos Cantos IV, VI e XX de
Arnaut Daniel por Ezra Pound.

Ao lado, tradução para o português
pelo grupo Noigandres, de Augusto e
Haroldo de Campos e Décio Pignatari.

Thus the light rains, thus pours, e lo soleils plovil
The liquid and rushing crystal
beneath the knees of the gods.

(CANTO IV)

"Ongla, oncle", saith Arnaut.

(CANTO VI)

Sound slender, quasi tinnula,
Ligur' aoide: Si no'us vei domna don plus mi cal,
Negus vezer mon bel pensar no val.
Between the two almond trees flowering,
The viol held close to his side;
And another: "s'adora"
"Possum ego naturae
non meminisse tuae!" Qui son Properzio ed Ovidio.

The boughs are not more fresh
where the almond shoots
take their March green.
And that year I went to Freiburg,
And Rennert had said: "Nobody, no, nobody
Knows anything about Provençal, or if there is anybody,
It's old Levy."
And so I went up to Freiburg,
And the vacation was just beginning,
The students getting off for the summer,
Freiburg im Breisgau,
And everything clean, seeming clean, after Italy.

Assim a luz chove, jorra, *e lo soleils plovil*
Cristal líquido, impetuoso,
sob os joelhos dos deuses.

(CANTO IV)

"Ongla, oncle" disse Arnaut.

(CANTO VI)

Som sutil, quasi tinnula,
Ligur' aoide: "Si no'us vei domna don plus mi cal
Negus vezer mon bel pensar no val."
Entre as duas amendoeiras em flor,
Viola colada ao flanco;
E um outro: "s'adora".
"Possum ego naturae
non meminisse tuae!" Qui son Properzio ed Ovidio.

"Os ramos não são mais frescos
lá, onde os brotos de amêndoa
ficam verdes em março",
E naquele ano fui a Friburgo,
Rennert dissera: "Ninguém, não, ninguém
Sabe nada de provençal, ou se há alguém,
É o velho Levy."
E assim toquei para Friburgo.
As férias mal começavam,
Os estudantes partindo em veraneio,
Freiburg im Breisgau,
E tudo limpo, parecia limpo, depois da Itália.

And I went to old Levy, and it was by then 6.30
in the evening and he trailed half way across Freiburg
before dinner, to see the ten strips of copy,
Arnaut's, settant'uno R. superiore (Ambrosiana)
Not that I could sing him the music.
And he said: "Now is there anything I can tell you?"
And I said: "I dunno, sir, or
"Yes, Doctor, what do they mean by noigandres?"
And he said: "Noigandres! NOIgandres!
'You know for seex mon's of my life
"Effery night when I go to bett, I say to myself:
"Noigandres, eh, noigandres
"Now what the DEFFIL can that mean!"
Wind over the olive trees, ranunculae ordered,
By the clear edge of the rocks
The water runs, and the wind scented with pins
And with hay-fields under sun-swath.
Agostino, Jacopo and Boccata.
You would be happy for the smell of that place
And never tired of being there, either alone
Or accompanied.
Sound: as of the nightingale too far off to be heard.
Sandro, and Boccata, and Jacopo Selaio;
The ranunculae, and almond,
Boughs set in espalier,
Duccio, Agostino; e l'olors –
The smell of that place – d'enoi gandres.
Air moving under the boughs,
The cedars there in the sun,
Hey new cut on hill slope,
And the water there in th cut
Between the two lower meadows; sound,
The sound, as I have said, a nightingale
Too far off to be heard.
And the light falls, remir,
from her breast to thighs.

(CANTO XX)

E fui ver o velho Levy, lá pelas 6.30
da tarde, e o homem se arrastou por meia Friburgo
antes do jantar, para ver as duas tiras de manuscrito
de Arnaut, settant'uno R superiore (Ambrosiana)
Não que eu pudesse cantar-lhe a música.
E ele disse: "Bem, em que posso servi-lo?"
E eu: "Não sei, meu senhor, isto é,
Sim, Doutor, o que querem dizer com *noigandres*?"
E ele disse: "Noigandres! NOIgandres!
"Faz seis meses já
"Toda noite, qvando fou dormir, digo para mim mesmo:
"Noigandres, eh, *noi*gandres,
"Mas que DIABO querr dizer isto!"
Vento nas oliveiras, ranúnculos em fila,
Pela clara aresta das rochas
A água corre, e o vento perfumado de pinho
E de campos de feno sob a foice do sol.
Agostino, Jacopo e Boccata.
O aroma desse lugar te faria feliz,
Sem nunca sentir cansaço de estar ali, só
Ou acompanhado.
Som: como de rouxinol longe demais para ser ouvido.
Sandro, e Boccata, e Jacopo Sellaio;
Ranúnculos e amêndoas,
Sebes de ramos,
Duccio, Agostino: *e l'olors* –
O aroma desse lugar – *d'enoi gandres*.
Ar movendo sob os ramos,
Cedros ao sol.
Feno fresco no declive da colina,
E água no sulco
Entre os dois prados mais baixos; som,
O som, como disse, um rouxinol
Longe demais para ser ouvido.
E a luz cai, *remir*,
do seio às coxas."

(CANTO XX)

BREVE PREFÁCIO

PROVENÇA O SOUBE

Nesta nova edição que vem a público graças ao empenho de Filipe Moreau e de sua equipe, passados quase vinte anos da primeira, publicada em 2003, procedemos a uma rigorosa revisão da obra, que apresenta sempre grandes dificuldades ao se confrontar com idioma tão secular como é o antigo provençal. Mas penso que o esforço vale a pena, diante da beleza da produção dos trovadores dos séculos XII e XIII, aqui representada pelos poetas-inventores Arnaut Daniel e Raimbaut d'Aurenga, da comunidade da Provença, terra da poesia, que lamentavelmente não sobreviveu à cruzada do Papa Inocêncio III e dos nobres do norte da França contra o catarismo, considerado herético pela Igreja Católica, sob os auspícios da qual foi perpetrado um dos mais hediondos crimes da Idade Média.

Mas os notáveis trovadores, dentre os quais Arnaut Daniel, considerado "il miglior fabbro", o maior artesão, o maior poeta inovador, por Dante, Petrarca e Pound, continuam novos e maravilhosos. Apesar dos parcos momentos que hoje são reservados à poesia, os provençais tiveram crescente repercussão em nossos meios literários, após as edições de *Traduzir e trovar* (Editora Papyrus, 1968), *Verso Reverso Controverso* (Editora Perspectiva, 1979 e 2009) e *Mais Provençais* (1979 e 2009), a da Editora Noa Noa, do saudoso Cleber Teixeira, em 1982, e a da Companhia das Letras, ampliada, em 1987.

Sua revelação chegou a suscitar expressivas respostas em áreas mais seletas do nosso cancioneiro, contando-se entre elas as intervenções do compositor Livio Tragtenberg e de sua irmã soprano lírico Lucila, e de vários intérpretes da música popular, Walter Franco, Adriana Calcanhotto, Cid Campos, Tiago Araripe, Vitor Ramil, Antonio Farinaci, Edvaldo Santana. Precursora a participação de Livio, Lucila, Tiago e Walter no programa A Fábrica do Som n.º 28 – Especial, de 1983, da TV Cultura, apresentado ao vivo no Sesc Pompeia em São Paulo. Lucila interpretando a "Canção de amor cantar eu vim", melodia original de Arnaut, acompanhada por Livio ao piano e Cristiano Mota na flauta baixo. E Tiago, "Fiz um poema sobre nada", de Guilhem de Peitieu, música de Livio, também ao piano. Walter, criando um mantra para as duas linhas de Bernart de Ventadorn, "Si no us vei dompna don plus mi cal / Negus vezer mon bel pensar no val", na minha versão "Se eu não vejo a mulher que eu mais desejo / Nada que eu vejo vale o que eu não vejo".

Hoje, para não falar dos LPs, os CDs são de mais difícil acesso. Apesar disso, servem de boa referência, enquanto as tecnologias não disponibilizem outros meios, sob pena de se apagar toda uma história viva da música, que, pouco visitada, não tem outras reservas de sobrevivência. No YouTube, enquanto existir, podem ser ouvidas algumas peças importantes citadas na Discografia – canções de Arnaut Daniel e Guilhem de Peitieu, entre outras tantas. E também as interpretações de alguns de nossos cantores, músicos e compositores.*

Esta edição conta com acréscimos e matérias menos conhecidas, como a transcrição do artigo "Bonito demais", de Ana Cristina Cesar, sobre o livro *Mais Provençais*, publicado poucos meses antes da trágica morte da poeta, em 1983. Bibliografia e discografia foram, o quanto possível, atualizadas. E aditei uma nota esclarecedora sobre o manuscrito perdido de Pound, que se supunha conter suas recriações completas do "corpus" arnaldiano, tendo sido encontradas, afinal, traduções de 16 canções, com algumas variantes, dentre as que compõem o pequeno mas grandioso acervo do trovador. Assim, poderá o presente volume ser de interesse mesmo para aqueles que adquiriram a primeira edição, há muito esgotada.

"Provença o soube", disse Ezra Pound. E quem quiser que o saiba também e respire o ar que vem da terra dos poetas.

Augusto de Campos
— 2021

---

* Na página 279, há links e QR codes que dão acesso às apresentações, gravações e leituras de Lucila e Livio Tratenberg; Edvaldo Santana; Adriana Calcanhotto, Cid Campos e o próprio Augusto; Antonio Farinaci; Walter e Diogo Franco.

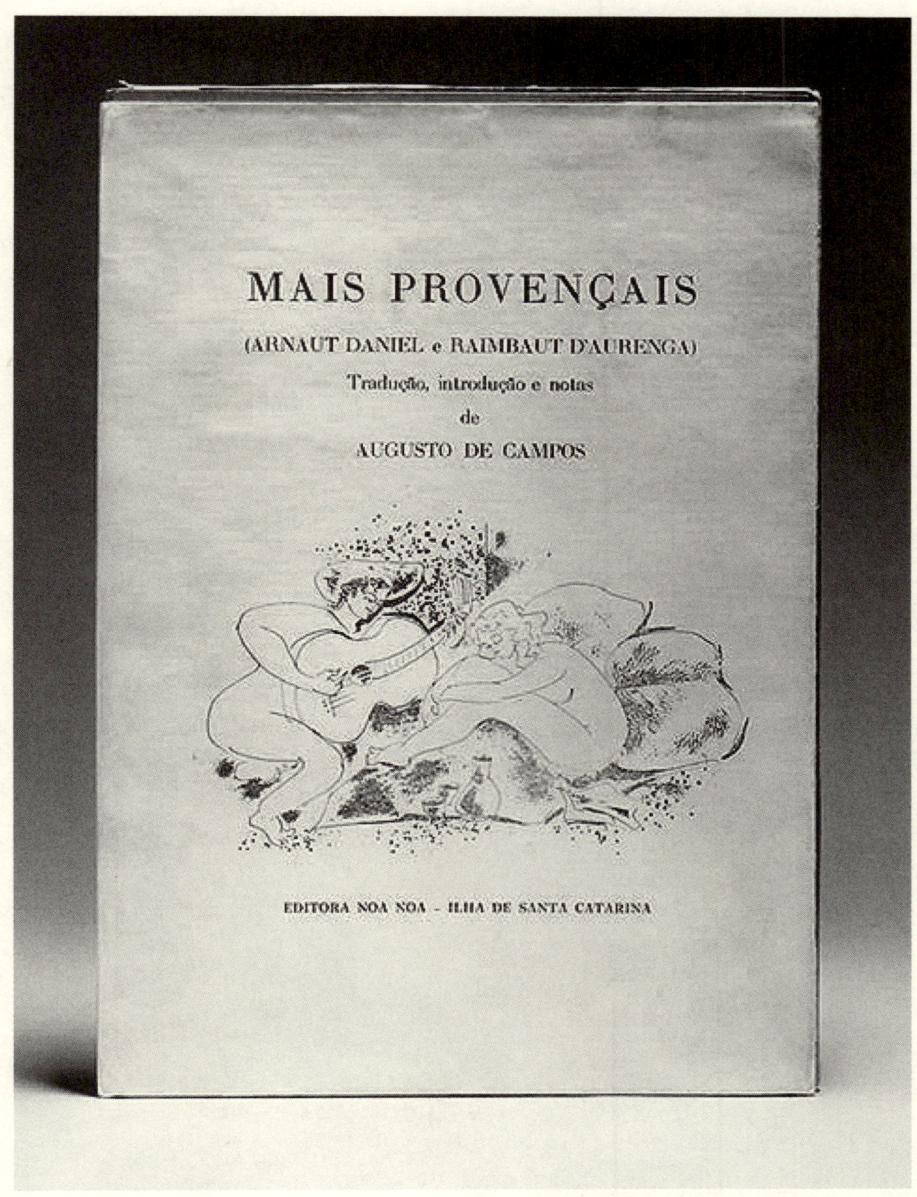

10 Primeira edição de *Mais Provençais*, na versão artesanal de Cleber Teixeira, editora Noa Noa, 1982. V. http://www.editoranoanoa.com.br/cleber-teixeira.

INTRODUÇÃO*

A conjunção num único volume das minhas traduções dos trovadores provençais Arnaut Daniel e Raimbaut d'Aurenga com as dos poetas italianos Dante Alighieri e Guido Cavalcanti cria a possibilidade de seguir um rastro constelar na poesia dos séculos XII a XIV. Foi Dante – como relembrou Ezra Pound em nossa época – quem denominou Arnaut Daniel "il miglior fabbro del parlar materno" (o melhor artífice da língua materna) estabelecendo um nexo fundamental entre as duas poéticas que foi olvidado ao longo dos tempos e que o poeta americano recuperou sob o signo da invenção.

Não são Arnaut e Raimbaut os únicos trovadores occitanos que merecem interesse. É larga a messe dos poetas medievais do sul da França que fazem jus à nossa admiração e alguns deles, dos mais notáveis – Guilhem de Peitieu, Marcabru, Bertran de Born, Bernart de Ventadorn, Peire Cardenal – foram também traduzidos por mim num conjunto intitulado "Presença de Provença", que integra o livro *Verso Reverso Controverso*, ainda em circulação. Mas Arnaut e Raimbaut representam o que há de mais inventivo na poética trovadoresca. Por isso dediquei-lhes um volume à parte, *Mais Provençais* – publicado em 1982 e 1985 em edições há muito esgotadas. Ele constitui a primeira parte desta edição, tendo sido revisto, aumentado e acrescido dos elementos informativos de que disponho agora e que vão consignados na respectiva bibliografia. Entram agora a compor o conjunto de poemas as canções "Pois tal sabers", de Raimbaut d'Aurenga, e "Entre·l Taur e·l doble signe", de duvidosa autoria, mas atribuível a Arnaut ou a Raimbaut. Na segunda parte deste livro – Cantos de Dante & Canções de Cavalcanti – estão, pela primeira vez reunidas, as minhas traduções completas de seis Cantos da *Divina Comédia* (quatro do Inferno e dois do Purgatório), seguidas pelas versões de alguns poemas líricos de Guido Cavalcanti e do próprio Dante. Ambas as seções são precedidas de textos que abordam poetas e poemas em perspectiva crítica e servem de introdução a esta viagem translinguística que ora proponho. Mas que também se recarrega de vida, em seu percurso poeticamente mapeado, por terem sido escolhidos preci-

---

* Abertura da primeira edição deste livro (Arx, 2003).

samente os Cantos em que os trovadores comparecem como personagens e dialogam com Dante – Arnaut em sua língua nativa, suprema honra a nenhum outro concedida em toda a *Divina Comédia*. Viagem via língua via linguagem via vida.

Augusto de Campos
— 2002

Mais Provençais

PRÉ-MAIS*

A primeira publicação de *Mais Provençais* se deu em 1982, sob a rubrica de Noa Noa, a heroica editora de Cleber Teixeira. Em sua modesta oficina de prelos manuais, vieram a lume vários dos meus trabalhos, em esmerada feitura gráfica e mínimas tiragens: *Mallarmargem*, em 1970 (250 exemplares), quando a tipografia ainda funcionava no Rio de Janeiro; e mais, *John Donne: o Dom e a Danação*, 1978 (1.ª ed., 410; 2.ª ed., 530 exemplares), *20 poem(a)s – E. E. Cummings*, 1979 (600 exemplares) e *John Keats – Ode a um rouxinol / Ode sobre uma urna grega*, 1984 (eram dois formatos de 105 e 450 cópias), todos já impressos na nova sede, em Florianópolis.

Mais Provençais saiu num largo portfólio de apenas 600 exemplares – as páginas soltas, em impressão bilíngue, provençal-português. Provença e proeza. A rapidez com que se esgotou esse álbum, no entanto, me fez sentir a necessidade de vir a ter uma edição cursiva, que permitisse a um público mais amplo o acesso à poesia dos dois grandes trovadores, Raimbaut d'Aurenga e Arnaut Daniel. Afinal, que eu saiba, esta é a única versão poética para qualquer língua de todas as 18 canções de Arnaut. Suponho que o convívio com a linguagem do poeta que Dante chamou de "miglior fabbro del parlar materno" não é desprezível, nem há de ser desprezado entre nós.

Acrescento, agora, às canções as biografias medievais – vidas – dos dois trovadores, tão saborosas pela linguagem e pela fantasia. E uma pequena iconografia pertinente que instiga a entreverler textos e tempos de Provença.

Agrego, também, uma entrevista que concedi a Rodrigo Naves, então editor do "Folhetim", da *Folha de S. Paulo*, a propósito da primeira publicação de *Mais Provençais*, e que de certa forma veio completar as observações do meu prefácio. Pareceu-me interessante, ainda, incluir no volume a bibliografia e a discografia que têm servido aos meus estudos de

---

* Prefácio à 2.ª edição de *Mais Provençais* (Companhia das Letras, 1987).

provençal. Poderão ser úteis aos que quiserem aprofundar-se no universo trovadoresco.

Nada mais justo do que dedicar esta nova publicação ao amigo, ao poeta e editor, que há cinco anos possibilitou que o livro existisse, quando nenhum outro teria ousado fazê-lo.

De Noigandres a Noa Noa. Arnaut não olvida.

Augusto de Campos
— 1987

MAIS PROVENÇAIS: RAIMBAUT E ARNAUT

> *Ab l'alen tir vas me l'aire*
> *qu'ieu sen venir de Proensa*
>
> Com o alento aspiro o ar
> que eu sinto vir de Provença
>
> *Peire Vidal*

I

Quando eu já pensava ter encerrado minhas viagens à *langue d'oc*, reunidas finalmente ("Presença de Provença") no livro *Verso Reverso Controverso* (1978), alguns fatos novos me fizeram retornar à poesia provençal.

Acima de tudo a aquisição de dois livros básicos – as *Canzoni* de Arnaut Daniel, a mais completa edição crítica de suas obras, por Gianluigi Toja, publicada em 1960 e há muito esgotada, e a clássica coletânea de René Lavaud (1910), *Les Poésies d'Arnaut Daniel (d'apres Canello)*, na edição fac-similar de 1973. Uma conjugação feliz de pequenos acasos me possibilitou encontrá-los, um em fevereiro de 1978, em Florença, outro em fevereiro de 1979, em São Paulo. Eu tinha, enfim, em cuidadas edições filológicas, os 18 textos de Arnaut![1] Entre um e outro fevereiro, me veio às mãos a portentosa antologia *Los Trovadores*, de Martín de Riquer, publicada em três volumes, em 1975. E consegui saber muito mais sobre música provençal. E ouvir várias das mais belas melodias trovadorescas. E conhecer até algumas raras transcrições dessa música em notação moderna, como a que Walter Morse Rummel, com a colaboração de Ezra Pound, fez imprimir em 1913, incluindo as duas canções de Arnaut que o poeta localizara na Biblioteca Ambrosiana

---

1. Posteriormente obtive as edições críticas de Perugi, de 1978, e de Eusebi, de 1984, além das cópias xerográficas das de James J. Wilhelm (1981) e da clássica edição de Canello. Nenhuma das publicações subsequentes conseguiu, porém, modificar de forma convincente o cânon arnaldiano fixado por Canello-Lavaud-Toja, que serve de base a este trabalho.

em Milão, a II e a XVIII na numeração de Lavaud, que adoto: a *Chanson do·il mot son plan e prim* e *Lo ferm voler qu'el cor m'intra*, a denominada *Sestina* (Sextina: variação sobre seis rimas).

Mergulhado, outra vez, na maravilha das artes de Provença, reacendeu-se em mim a ideia de dar continuidade às traduções de Arnaut Daniel. Verter as 18 canções que restam de uma obra que Pound considera uma das duas dádivas perfeitas que nos legou o século XII (a outra é a igreja de San Zeno em Verona, onde até as colunas de mármore levaram a assinatura do artesão: *Adamo me fecit*). O próprio Pound não traduziu mais do que 10 canções.[2] Seria, talvez, pretensioso ir além desse marco – e até inútil, ante a virtuosidade inexcedível dos textos arnaldianos – se traduzir não fosse também um modo de lê-los, poética e criticamente, e de conviver com a obra, quem sabe até revivê-la em alguns momentos privilegiados. Disposto a traduzir o que fosse possível, cheguei, inesperadamente, ao número dezoito. Não são, como se sabe, traduções literais as que faço. Tento a "transcriação". Sem – é claro – pretender ombrear-me com o *miglior fabbro*. Do original, obviamente insuperável, terei captado alguma coisa, alguma alma, que faltava à nossa vivência poética – espero.

Não só de poesia nos falam os trovadores dos séculos XII-XIII. Sabe-se, hoje, que a comunidade provençal, esmagada pela cruzada contra os albigenses instituída pelo papa Inocêncio III, é muito mais do que os tolos pretendem minimizar sob o rótulo de "medieval", na acepção mais vulgar do termo. A livre concepção de amor de seus poetas, desrecalcando a repressão religiosa e alçando a mulher a posição de relevo e de dignidade que lhe eram negadas na sociedade patriarcal, pode ser lida como signo subversivo de ideologias mais generosas, direcionadas para o futuro. Por isso mesmo a dissidência linguística e política de Provença não poderia ser tolerada por

---

2. Depois de outras tentativas infrutíferas, Pound reuniu suas traduções do "corpus" arnaldiano e enviou o manuscrito intitulado "The Canzioni of Arnaut Daniel" a um novo editor, C.C. Bubb's Clerk's Press, em Cleveland, Ohio, em janeiro de 1918; no entanto, o texto não chegou ao seu destino, tendo desaparecido no naufrágio do navio que o levava aos Estados Unidos, "torpedeado pelos alemães", segundo se propalou. Pesquisas posteriores, afinal compendiadas no livro *Poems and Translations* (2003), organizado por Richard Sieburth (v. Bibliografia, p. 275) revelaram que o poeta chegou a traduzir 16 das canções, faltando apenas as de n. I e VII. Contribuíram para esta conclusão as pesquisas de Charlotte Ward, *Pound's Translations of Arnaut Daniel: a Variorum Edition with Commentary of Unpublished Letters*. New York, Garland Editions (1991). Tanto este livro como as cartas do poeta ao editor – *Pound to Bubb: The Arnaut Daniel Letters*. Cleveland: Rowfant Club, 2003 – estão há muito esgotados e não puderam ser consultados pelo autor.

11 A coluna assinada: Adaminus de Sancto Georgio me fecit. Igreja de San Zeno, Verona, século XII. "Angelico não veio da usura; Ambrogio Praedis não veio / Nenhuma igreja de pedra lavrada, com a inscrição: Adamo me fecit." (Ezra Pound, Canto XLV).

12 Adão e Eva expulsos do Paraíso. Detalhe dos painéis de bronze da Igreja de San Zeno, Verona, século XII.

mais tempo pelos poderosos da época, que liquidaram, de um só golpe, heresia e poesia. Poetas. Antenas. Têm, assim, esses trovadores, muito que nos dizer, e não só artisticamente.

Mas é de poesia que quero falar aqui, e dos poetas traduzidos, Raimbaut e Arnaut,[3] duas das maiores expressões da arte provençal.

Raimbaut d'Aurenga, desafortunadamente ausente de minha "Presença de Provença" (eu quase não dispunha de textos dele, e só agora, ao término deste novo trabalho, logrei obter cópias xerográficas do livro essencial de Walter T. Pattison, *The Life and Works of the Troubadour Raimbaut d'Orange*, 1952), é o mais lídimo precursor de Arnaut Daniel na arte do "trobar ric" e um grande poeta, ele próprio. Inventor de inventor, coube a Arnaut levar às últimas consequências alguns dos achados do seu antecessor e fazer outras descobertas, ainda mais raras.

Raimbaut, conde de Orange, era nobre e terá vivido menos de 30 anos (datas conjecturais: n. 1144, m. 1173). Dele nos restam 40 composições. Zombeteiro, orgulhoso, irreverente em temas e formas, é o elo que liga o humor de Guilhem de Peitieu e o "trobar clus" de Marcabru ao supremo engenho de Arnaut.

Não fica muito longe deste, nas trilhas da invenção. Maneja habilmente versos curtos e longos, dos dissílabos aos decassílabos, muitas vezes em estruturas mistas. A variedade de sua dicção, sua métrica e suas rimas é muito grande. Para dar uma ideia da sua artesania, bastaria referir a canção "Pois tal sabers mi sortz e m·creis", na qual ele imbrica nada menos que 18 rimas ricas – incluindo Aurenga – para a palavra "lenga" (língua), que comparece com duas rimas em todas as sete estrofes e nas duas tornadas. A métrica tem uma alteração sutil, pois se articula com 8 + 8 + 8 + 8 + 7 + 7 + 8 + 7 sílabas em cada estrofe, sendo setessílabos os versos que terminam em "enga". As demais rimas em "ic" e "ec", aparentadas entre si, são também iguais nas linhas correspondentes das estrofes, e as em "ic" rimam ainda no primeiro e no terceiro versos, o que requer só para essa terminação um estoque de 14 rimas. Esta canção complexa e altamente sonora – infelizmente a única de que remanesceu a melodia original – pode ser ouvida em pelo menos duas gravações. A de Richard Levitt com

---

3. O provençal, como o português, é língua conservadora em relação ao latim. Os ditongos *au* e *ai* devem ser pronunciados integralmente, e não à francesa. As consoantes finais também se pronunciam. Portanto, diga-se Raimbaut d'Aurenga, Arnaut Daniel (e não "Rambô" ou "Arnô").

o grupo do Studio der Frühen Musik (que obtive em CD de 1989, intitulado *Vox Humana* – remasterização de registro de 1976), para mim a mais bela, e a de Martin Best, gravada em 1982, no CD *Songs of Chivalry* (ver discografia, ao final). Ambas, porém, nos dão apenas algumas estrofes do poema. Fiz dele uma versão aproximativa. Não sendo, obviamente, possível reproduzir em português as dezoito rimas para "língua", optei por manter essa palavra-chave em todas as estrofes e tornadas, nas linhas em que aparece, variando o mais que pude as rimas assonantes que escolhi, para acompanhá-la, terminadas em "inja". Mesmo assim não pude evitar algumas repetições, sendo certo que Raimbaut se permite duplicar as rimas "captenga" e "sovenga" no texto original e que é usual que as tornadas repitam as rimas. Essa versão-estudo dará ao leitor, quem sabe, uma noção da "beleza difícil" do poema provençal.

Outros exemplos significativos de sua arte, em que Riquer vislumbrou, como traços marcantes, o humorismo (que inclui a autoironia), a paródia e a agudeza, são os dois poemas que traduzi – "No-say-que-s'es" e "Er resplan la flors enversa". O primeiro segue a trilha do "nonsense" aberta por Guilhem de Peitieu (*Ferai un vers de dreitz nien* / Farei um poema sobre nada). É a canção do "não-sei-o-que-é", em que Raimbaut cria um caso único de interação entre poesia e prosa, pois cada estrofe é continuada por um texto discursivo (Riquer imagina que as estrofes seriam cantadas e que o jogral, na sequência de cada uma, recitaria o fragmento em prosa, em tom irônico e burlesco). O segundo – "a canção da flor inversa" – preludia a Sextina de Arnaut, que levará à radicalização permutatória a invenção de Raimbaut e seu insólito arcabouço de palavras-rimas que se repetem, de estrofe a estrofe, em variantes gramaticais: um poema pré-barroco, no paradoxo vivo de suas imagens em avesso e no jogo polissêmico que abre as palavras em leque para um espectro de sentidos, da flor inversa (*flors inversa*), que converte a primavera em inverno, ao corpo invertido (derrubado) da mulher amada – *Qu'ar en baisan no·us enverse* (Que eu beijando vos inverta).

Quando Raimbaut morreu, o famoso trovador Giraut de Bornelh, seu amigo, desabafou num "planh" (poema de lamentação): *Er'es morta bela foldatz* (Agora morreu a bela loucura). Mas as belas loucuras não morrem. "O amanhã é dos loucos de hoje", escreveu Fernando Pessoa. As canções de Raimbaut, plenas de arte e de vida, o confirmam, varando os séculos.

II

Arnaut Daniel teve um lugar privilegiado em minha "Presença de Provença", à qual remeto o leitor incidente ou reincidente de *Mais Provençais*. Ali assinalo, em diversos momentos, o papel desempenhado por Ezra Pound na reavaliação da poesia do grande trovador.

Sem desmerecer o trabalho dos filólogos e provençalistas – os Bartsch, os Canello – que, antes dele, exumaram e reconstruíram com amor e pertinácia os textos amaldianos, é preciso proclamar sempre: foi indubitavelmente Pound quem, retomando o esquecido juízo de Dante, recolocou na altura merecida o "artesanato furioso" de Arnaut, contextualizando-o no quadro da linguagem poética moderna.

Ninguém melhor do que ele – mais ainda, ninguém antes dele – soube captar, em crítica e recriação, a alma e a arte de Arnaut. Por isso, surpreende e consterna ver excluída a sua contribuição, por certo não ortodoxa, das bibliografias de tantos estudiosos posteriores. E causa espanto ver o competente Toja – em sua minuciosa e documentada edição de Arnaut – atribuir a André Berry, cujo *Florilège des Troubadours* é de 1930, a recuperação crítica de Arnaut, ou creditar, como novas, a M. Bowra, cujo estudo sobre Dante e Arnaut é de 1952, observações que já se encontram no *ABC of Reading*, de 1934, quando não estão em *The Spirit of Romance*, de 1910! Embora mencionado na introdução, Pound também não entra na bibliografia de Toja. No entanto, o primeiro estudo de Pound sobre Arnaut Daniel – "Il Miglior Fabbro" (incluído em *The Spirit of Romance*) – é de 1909. Suas traduções e recriações das canções de Arnaut continuaram a aparecer em várias publicações antes de serem revistas e coligidas em *Instigations* (1920). E Pound colaborou com W. M. Rummel numa das primeiras transcrições musicais das duas melodias de Arnaut a que já me referi. Lavaud, em sua edição de 1910, apresenta uma sumária transcrição da Sextina, por J. B. Beck, e anuncia para o ano seguinte a divulgação da segunda melodia pelo mesmo pesquisador. A publicação do Rummel (*Hesternae Rosae*) é de 1913. Ao registrar as edições musicais dos textos de Arnaut, Toja só se refere a Rummel no tocante à Sextina. Nenhuma alusão a Pound.

Quaisquer que sejam, porém, as sem-razões dos filólogos para boicotá-lo, Pound já assinalava, no estudo de 1909, que a alta opinião de Dante sobre Arnaut (*"il miglior fabbro del parlar materno"*) tinha estado fora de moda por cerca de 500 anos; e isto principalmente – dizia ele – "por que os poetas não foram capazes de ler a sua língua e porque os '*scholars*', nada sabiam de poesia".

Não irei repetir aqui as notáveis observações de Pound sobre Arnaut, várias das quais já sublinhadas em "Presença de Provença", embora creia útil rememorar pelo menos uma, definitiva e definidora: "A arte de Arnaut não é literatura, é a arte de combinar palavras e música numa sequência em que as rimas caem com precisão e os sons se fundem ou se alongam. Arnaut tentou criar quase uma nova língua, ou pelo menos ampliar a língua existente e renová-la".

Mas tenho algo mais a acrescentar sobre Pound e Arnaut.

Em minhas novas incursões provençais, deparei com um estudo relativamente recente, *Ezra Pound and the Troubadour Tradition* (1972), de Stuart Y. McDougal, que me levou a travar contato com excertos de um dos trabalhos menos conhecidos do grande poeta norte-americano. Trata-se de uma série de artigos que ele publicou sob o título "I Gather the Limbs of Osiris", na revista *New Age*, entre 1911 e 1912, e que não foram, posteriormente, recolhidos em livro. Em vários dos números da série refere-se Pound a Arnaut. Num deles, o n. IV (21 de dezembro de 1911), encontram-se estas anotações iluminadoras sobre dois aspectos particulares da poética arnaldiana: a "rima polifônica" e a concepção do poema como um organismo:

> Arnaut discriminava entre rima e rima. Isto é, ele percebeu que a beleza a ser extraída da similaridade das terminações das linhas não dependia de sua multiplicidade, mas da atuação de umas sobre as outras; não da frequência, mas do modo de sua sequência e continuação... Arnaut usa o que, à falta de melhor termo, eu chamaria de rima polifônica. (...) Ele concebeu uma forma de escrever na qual cada palavra tinha peso próprio, devia dar uma contribuição específica para o efeito do todo. O poema é um organismo em que cada parte funciona, dá algo ao som ou ao sentido; algo – preferentemente – ao som *e* ao sentido.

O conceito de "rima polifônica" tem a ver com as chamadas rimas separadas ou isoladas (*rimas dissolutas* ou *estrampas*) e com as estrofes (*coblas*) correspondentes, a saber, rimas que não se repetem no interior da estrofe, mas que compareçam na mesma posição em todas as demais. Muito menos comuns do que as já difíceis estrofes *unissonans* (as que, mantendo o mesmo esquema rímico, rimam internamente), as que Pound denomina de "polifônicas" exigem extraordinária perícia. A partir de uma sonorização livre dentro de cada estrofe, sem rimas internas, constrói-se aqui um encadeamento fônico através da repercussão posicional das rimas, que entre-ecoam a distância, de uma estrofe para a outra. As bizarras sonoridades das rimas escolhidas, rimas raras (*escarsas* ou *caras rimas*), o recorte rítmico menos comum, chegando à assimetria, e a própria linha melódica (tudo isso era para ser cantado!) contribuem para a mnemotécnica virtuosística, que faz dos poemas, assim trabalhados, construções perfeitas e inesquecíveis.

Não se trata de um dado técnico de pouca relevância, embora – é claro – o complexo universo sonoro de Arnaut envolva outros aspectos. Convém não esquecer que poetas tão diversos como Mallarmé e Maiakóvski tiveram nas células rímicas de insólita combinatória um fator capital de suas construções poemáticas. Mallarmé, mantendo o jogo de espelhos de sua metapoesia sobre a armação das rimas homofônicas – *equívocas*, diriam os provençais. Maiakóvski, dinamitando os seus versos com insubordinadas ressonâncias e mosaicos de palavras que fazem de sua rima, ao mesmo tempo, "carícia", "slogan", "açoite" e "baioneta".

Para que se tenha uma ideia das técnicas rímicas de Arnaut, aqui vai uma síntese dos esquemas que usa em seus 18 poemas. De suas canções, 14 têm rimas idênticas em todas as estrofes (*coblas unissonans*). Três – as Canções I, III e XVIII – são de *coblas singulars*, isto é, as rimas são diferentes dentro de cada estrofe, mantendo a de n. I a mesma rima em todas as linhas de uma estrofe. A Canção II apresenta *coblas doblas* (as mesmas rimas ocorrem em cada sequência de duas estrofes, que são também *coblas capcaudadas*, pois as rimas reaparecem, nas dobradas seguintes, em posições diferentes (passa-se do esquema AAABBCDDC para BBBDCAAC e DDDAACBBC); constituem ainda *coblas capfinidas*, ou seja, estrofes cujo primeiro verso parte da palavra final da estrofe anterior. Nove canções – as de n. X a XVIII – têm *rimas dissolutas*, isto é, que rimam de estrofe a estrofe, e não dentro da estrofe (a primeira linha da primeira estrofe com a primeira das seguintes etc.). Cinco canções têm estrofes *semidissolutas*, misturando rimas intraestróficas com rimas interestróficas (as de n. V a IX). Das nove canções com *rimas dissolutas* ou *estrampas* (isoladas dentro da estrofe), a de n. XVIII – a Sextina – é o caso único de palavras-rimas (*intra, ongla, arma, verga, oncle, cambra*) reiteradas em ordem permutativa nas estrofes seguintes, de tal sorte que o acréscimo de uma nova estrofe operaria o retorno à sequência inicial.

A extravagância das rimas, implicando sonoridades invulgares e em formas privilegiadas, não é menos relevante. Gianluigi Toja, que as recenseou, todas, registra 30 *caras rimas* originais, como as em *-ampa, -andres, -aura, -ebres, -óbra, -omba, -orna*, além daquelas, muito raras, mas encontráveis em outros trovadores, como, *-agre* e *-órda*, usadas por Raimbaut d'Aurenga. Dentre tais rimas preciosas, sublinha Toja as *equívocas*, que operam com similaridades e homofonias, como *laura / l'aura*, na Canção IX, ou tomba, na XVII.

Martín de Riquer chama a atenção para um outro elemento do construtivismo sonoro de Arnaut: a alta incidência de palavras monossilábicas, que encontram exemplo máximo na Canção IX ("L'aura amara"), "em que os versos ou rimas internas, de uma, duas, três, quatro sílabas, formam um rígido conjunto onde os monossílabos, alguns de rima difícil, se organizam surpreendentemente em orações com virtualidade sintática". Gianfranco Contini faz a mesma constatação, ao falar no "hirto e condensado monossilabismo" do verso danielino.

As assonâncias e ressonâncias vocálicas e fonêmicas, a exploração dos contrastes entre sons e ruídos, propiciada pela extrema plasticidade do provençal, são outros traços da orquestração sonora arnaldiana, estes últimos quase impossíveis de captar em português, língua vocalizante, em que os ruídos tendem a se converter em sons e as asperezas a suavizar-se.

Por fim, o recorte estrófico, indo de conjuntos de linhas equivalentes, em decassílabos, a ousadas assimetrias, de incomum desenho rítmico, que alcançam o ápice da inventividade em "*L'aura amara*" – suma das inovações rímicas e rítmicas de Arnaut – onde as *rimas dissolutas* embutem nas oitavas, com linhas de oito e dez sílabas, uma sobre-estrutura estrófica de 17 linhas irregulares.

É preciso lembrar sempre que a essa "música muda", que hoje lemos ou enunciamos, correspondia uma música real. Do acervo de 2.542 canções trovadorescas, conservaram-se apenas 256 melodias, encontradas nos textos de alguns manuscritos, em notação incompleta, que só permite identificar a linha melódica. Mas como observa um de seus estudiosos, Henri-Irénée Marrou (*Les Troubadours*, 1971), seria ingênuo imaginar que essa música monódica se reduza, por isso, a meios pobres, elementares. Marrou enfatiza a riqueza melismática da melodia trovadoresca, que "flore, especialmente na rima, em mil ornamentos sinuosos". Dois outros pesquisadores, Pierre Bec e Solange Corbin, assinalam que os cantos dos trovadores apresentam frequentemente ampla tessitura, que chega a atingir uma oitava e meia, e fazem uso dos largos intervalos, abrangendo sétimas e nonas, às vezes muito difíceis de cantar (Bec, *Nouvelle Anthologie de la Lyrique Occitane du Moyen Âge*, 1972).

Das duas únicas melodias de Arnaut que sobreviveram, a *Chanson do·ill mot son plan e prim* e a *Sestina*, por muitos anos só a primeira foi registrada em disco (*Expériences Anonymes* – EA-0012), em 1957, na extraordinária interpretação do contratenor norte-americano Russell Oberlin, acompanhado pela viola de Seymour Barab, com transcrição musical de Saville Clark – uma das mais belas canções que já ouvi. Algumas outras gravações foram surgindo a partir da segunda metade dos anos 1970, mais bem difundidas na década seguinte, já na era do CD, incluindo a Sextina (v. a discografia atualizada). Quanto a esta canção, destaco o registro do Studio des Frühen Musik, com Richard Levitt (de 1989, remasterizado de gravação de 1976). Além de surpreendente e ousado em sua entoação rítmica e quase-falada, traz todas as estrofes. A seguir, a interpretação de Benjamin Bagby (CD *Sequentia: Dante and The Troubadours*, 1995), ritmicamente menos sedutora, mas mais bem pronunciada e também completa. O CD *Lo mio servente core* do Ensemble Lucidarium (1996) traz outra bonita leitura musical, que, no entanto, salta duas estrofes do poema. Já a *Chanson do·ill mot son plan e prim* recebeu uma significativa interpretação de Barbara Thornton no CD *Dante and The Troubadours*, acima referido, mas que não supera a de Oberlin, ainda que lhe corrija os "u" pronunciados à francesa. O LP *Troubadour and Trouvère Songs*, com a *Chanson* na voz de Oberlin, teve uma reedição em CD, em 1994, e a faixa foi, ademais, incluída em CD mais recente – *Courts, Kings, & Troubadours: Mediaeval and Renaissance Music* (2000). Posso apenas conjecturar o que seria a melodia de "L'aura amara", a poesia-música em que faz ouvir "o irado chilrear dos pássaros no outono" (Ezra Pound).

Nenhum recurso técnico, porém, seria consequente, nenhuma pirotecnia verbal resultaria significativa se não os animasse uma percepção poética extraordinária, além de um rigoroso sentido de funcionalidade: a consciência do poema como um organismo, de que fala Pound, e a noção da palavra precisa, o "mot juste", que fazem com que cada parte e cada célula do poema contribuam para o todo. E além disso a capacidade de flagrar, num relâmpago bioenergético, o instante mágico da vida:

que·l seu bel cors baisan rizen descobra
seu belo corpo aos beijos rindo abra
e que·l remir contra·l lum de la lampa
e que o remire contra a luz do lume

(CANÇÃO XII)

Quan mi soven de la cambra
Quando me lembro da câmara
on a mon dan sai que nuills hom non intra
onde eu bem sei que nenhum homem entra
non ai membre no·m fremisca, neis l'ongle
eu tremo – membro a membro – até a unha

(CANÇÃO XVIII – SEXTINA)

Das canções de Arnaut, 17 são poemas de amor em que ele postula a afeição da sua amada contra tudo o que se lhe antepõe: contra os *lausengiers*, os bajuladores-palradores, contra a distância, contra o destino, contra a própria dama, mais prezada que reinos ou Romas – numa palavra, *contra suberna*, contra a maré. Uma, apenas, foge à regra e nos mostra o lado sarcástico, brutalista, do poeta, num dos mais atrevidos e destabocados textos provençais – a ele, por certo, alude Robert Briffault quando afirma que o trovador é capaz de fazer uso de uma linguagem que ultrapassa o jargão de Guilhem de Peitieu. Trata-se da Canção I, o sirventês *Pois Raimons e·n Truc Malecs*, uma disputa em torno do *affair* entre certa dama, Dona Aima – a mesma libérrima Aima a que se refere o "não-sei-o-que é" de Raimbaut d' Aurenga – e Bernart de Cornilh, que a cortejava. O fato é que Dona Aima fez saber ao cavalheiro que o acolheria, desde que ele aceitasse esta prova de amor: *cornar* no seu *corn* (expressões dúbias: *cornar* = tocar, soprar, e aqui, por extensão, beijar; e *corn* = trompa e traseiro). A proposta – *res jocosa*, na douta fórmula de Toja –, não aceita pelo cavalheiro de Cornilh, suscitou uma rixa poética (*tensó*) entre Raimond de Durfort e Truc Malec, de um lado, e Arnaut, de outro, os primeiros recriminando e o último aprovando a recusa de Dom Bernart. O sirventês de Daniel, assim como os dois de Durfort e o trecho que resta do de Truc Malec, constitui importante testemunho da liberdade e da crueza a que podia chegar o tratamento dos temas eróticos na poesia provençal, fornecendo-nos elementos para configurar uma imagem muito diferente da que costumeiramente se forjou sobre a sociedade da época.

Nos demais poemas prevalecem o *sermo nobilis* e a idealização da mulher, mas perpassados de um profundo alento vital, envoltos numa atmosfera de obsessiva crispação amorosa, que lhes corporifica a alma, concretizando as mais fluidas imagens:

Ieu sui Arnautz qu'amas l'aura
Eu sou Arnaut que amasso o ar (amo Laura)
e chatz la lebre ab lo bou
e caço a lebre com o boi
e nadi contra suberna.
e nado contra a maré.

(CANÇÃO X)

Diez fixou em 1180 a data inicial da cronologia da produção poética de Arnaut, que se estenderia ao ano 1200, pouco mais ou menos. Tais datas, aceitas por Canello, Chabaneau, Lavaud e Jeanroy, foram, por último, acolhidas por Toja, que situa o nascimento do trovador entre 1150 e 1160.

Oito séculos nos separam, pois, dessas 18 canções. Repito. Há mais que aprender com elas do que com muitos maciços volumes de obras completas dos que vieram antes ou depois. A flor da poesia de Arnaut está intacta. O tempo não roubou seu saber nem seu sabor. E "l'olors de noigandres" continua a nos livrar do tédio e a nos incitar ao novo.

*

Uma palavra final sobre os textos provençais.

Adotei, quanto a Raimbaut, a edição de Pattison para "Pois tal sabers" e "No-say-que-s'es", e a de Appel para "Er resplan la flors enversa". No que respeita a Arnaut, segui essencialmente a edição de Toja, preferindo, num ou noutro passo, a lição de Lavaud e adotando, para algumas canções, o critério de disposição estrófica deste último, a fim de melhor explicitar a diversidade rítmica. A canção *Entre·l Taur e·l doble signe* segue a leitura de James J. Wilhelm.

Não sendo esta uma edição filológica, acresci às canções um mínimo de notas – apenas aquelas absolutamente indispensáveis para o entendimento das alusões mais obscuras ou menos conhecidas.

Augusto de Campos
— 1980 / 2002

RAIMBAUT E ARNAUT

Raembaut daurenga

Raimbaut d'Aurenga

Vida

Roembauz d'Aurenga si fo lo seingner d'Aurenga e de Corteson e de gran ren d'autrez castels. E fo adreich et eseingnaz, e bons cavalliers d'armas, e gens parlans. Et mout se deleitet en domnas onradas et en donnei onrat. E fo bons trobaires de vers e de chansons; mas mout s'entendit en far caras rimas e clusas. Et amet longa sason una domna de Proensa, que avia nom ma domna Maria de Vertfuoil, et apellava la "son Joglar" en sas chiansos. Longamen la amet e ella lui. E fez maintas bonas chansons d'ella e mainz autres bons faics. Et el s'ennamoret puois de lla bona contessa d'Urgel, que fo lombarda, filla del marques de Busca. Mout fon onrada e presada sobre totas las pros domnas d'Urgel; et Rambauz, senes veser leis, per lo gran ben que n'ausia dire, si s'enamoret d'ella e ella de lui. E si fez puois sas chansons d'ella; e si·l manda sas chansons per um joglar que avia nom Rosignol, si con dis en una chanson:

> Amics Rossignol,
> sitot as gran dol,
> per la mi'amor t'esjau
> ab una leu chanzoneta
> qe·m portaras a jornau
> a la contessa valen,
> lai en Urgel per presen.

Lonc temps entendet en aqesta comtessa e la amet senes veser, et anc non ac lo destre que la anes veser. Don ieu ausi dir ad ella, qu'era ja morgua, que, c'el i fos venguz, ella l'auria fait plaser d'aitan, qe·il agra sufert q'el com la ma reversa l'agues tocada la camba nuda. Aisi leis aman, Rambauz mori senes fillol mascle, e remas Aurenga a doas soas fillas. La una ac per moiller lo seigner d'Agout; de l'autra nasquet N'Uc del Bauç et En Willems del Bauz; e de l'autra Wilems d'Aurenga, que mori joves malemen, e Rambauz, lo cals det la meitat d'Aurenga al'Hospital.

(Texto adotado por Martín de Riquer, segundo o livro Biographies des Troubadours, *de Boutière-Schutz-Cluzel)*

Vida

Raimbaut d'Aurenga foi senhor de Aurenga, de Corteson e de muitos outros castelos. Foi galhardo e instruído, bom cavaleiro de armas e fino conversador. E apreciou muito as damas honradas e de honrado galanteio. E foi bom trovador de versos e canções; mas se dedicou muito a fazer rimas raras e obscuras. E amou por muito tempo a uma dama de Provença, que se chamava Dona Maria de Vertfolh, e a denominava "seu Jogral" em suas canções. Longamente a amou e ela a ele. E fez muito boas canções sobre ela e outros bons temas. E se enamorou depois da boa condessa de Urgel, que foi lombarda, filha do marquês de Busca. Era muito honrada e prezada acima de todas as damas nobres de Urgel; e Raimbaut, sem a ver, pelo grande bem que dela ouvia dizer, se enamorou dela e ela dele. E logo fez suas canções sobre ela; e lhe enviou as canções por um jogral que se chamava Rouxinol, como diz numa canção:

> Amigo Rouxinol,
> ainda que sofras tanto,
> meu amor te console
> com a leve canção
> que levarás bem cedo
> à condessa excelente,
> lá em Urgel, de presente.

Longo tempo cortejou essa condessa e a amou sem ver, e nunca teve ensejo de vê-la. Mas eu a ouvi dizer, quando já era monja, que se ele a tivesse procurado, ela lhe daria tanto prazer que teria consentido que ele lhe tocasse a perna nua com o reverso da mão. Amando-a assim, Raimbaut morreu sem filho varão, e deixou Aurenga e duas filhas suas. Uma foi mulher do senhor de Agout; da outra nasceram Uc dels Baus e Guilhem dels Baus; e da primeira, Guilhem d'Aurenga, que morreu jovem e tristemente, e Raimbaut, que deu a metade de Aurenga à ordem do Hospital.

Pois tal sabers

Pois tal sabers mi sortz e·m creis
Que trobar sai – et ieu o dic! –
Mal estara si non pareis
Et er mi blasmat si m'en gic;
Car so qu'om van'ab la lenga
Taing ben que en pes lo tenga,
Car non pot aver pejor dec
Qui ditz soque no s'avenga.

Er ai gaug car sebram dels freis
E remanon sol li abric;
Li auzellet – et er los leis
Que negus de cantar no i·s gic –
Us quec s'alengr'en sa lenga
Pel novel temps que·il sovenga;
E dels arbres qu'eron tuit sec
Lo foils pel branquils s'arenga.

E qui anc jorn d'amar si feis
Non taing q'era s'en desrazic
C'ab lo novel temps que s'espreis
Deu quecs aver son cor plus ric;
E qui non sap ab la lenga
Dir so qu·il coven, aprenga,
Con si ab novel joi s'esplec:
C'aisi vol Pretz qu·es captenga.

Estat ai fics amics adreis
D'una que·m enganav'ab tric,
E car anc s'amors mi destreis,
Tots temps n'aurai mon cor enic;
Qu'aras non voill qu'ab sa lenga
Auir lo ditz que·m destrenga
Per so qu'autre ab lieis s'abrec
Et eu caz so q'aicel prenga.

Pois tal saber

Pois tal saber há em mim que creio
Saber trovar – e assim o digo –
Mal ficará se paro ao meio
E o maldirão se eu não prossigo;
Quem quer usar sua língua
Deve saber o que impinja,
Nem pode haver falha pior
Que a fala falaz que finja.

Estou feliz porque o sol veio
E as aves deixam seu abrigo;
Já posso ouvir em todo meio
O seu cantar que é tão antigo
E nos seduz com sua língua;
Que o frio não mais adstrinja
Seu canto e que outra vez a cor
As folhas de verde tinja.

Mas quem do amor achar o veio
Nunca se aparte desse amigo.
Nos novos tempos de recreio
Um coração leve consigo;
Se não souber com a língua
Dizer direito, se cinja,
Que o que quem ama há de supor
É que ao Valor não infrinja.

A dama que amo e mais anseio
Já me traiu como inimigo;
Por esse amor, que não tem freio,
Eu trago em mim o meu castigo.
Mas não me apraz de sua língua
Ouvir o que me constringe a
Temer que algum bajulador
Ganhe cor e me destinja.

Ab leis remanga·l malaveis
E·l engans et ab son amic;
Que tals joys m'a pres e m'azeis
Dont ja no creirais fals prezic:
Anz voill c'om mi tail la lenga
S'ieu ja de leis creis lausenga
Ni de s'amor mi desazec
S'ie·n sabia perdr'Aurenga.

Bien taing qu'eu sia fis vas leis,
Car anc mais tant en aut non cric.
Que Nostre Seigner, el mezeis,
Ab pauc de far non i faillic;
C'apenas saup ab la lenga
Dir: "aital vuoill que devenga";
Qu'a la beutat qu'en leis assec
Non volc c'autra s'i espenga.

Domna, no·us sai dir loncs plaideis,
Mas far de mi podetz mendic
O plus ric que anc no fon reis,
Del tot sui en vostre castic!
Sol vos digatz ab la lenga
Consi voletz que·m captenga;
Qu'eu ai cor qu'enasi estec,
E que ja d'autra no·m fenga!

Domna, no·us quier ab la lenga
Mas qu'en baisan vos estrenga
En tal luoc on ab vos m'azec,
Et que d'ams mos bratz vos senga.

Levet, fai auzir ta lenga
En cui beutatz se depenga;
C'aia tal vers selha qu'ieu dec
Per so que de mi·l sovenga.

Algo, porém, no meu receio
Me faz brigar pelo que brigo;
Uma alegria é o meu esteio
E já não creio no perigo:
Mande cortar minha língua
E que meu sangue a retinja
Mas não recuo, nem que a dor
De perder Orange impinja.

Que eu já me vejo no seu seio,
E subir mais eu não consigo.
Nosso Senhor até, bem sei-o,
A celebrou e eu não desdigo
O que ele disse em sua língua:
"Que não há mais o que atinja",
Pois de beleza e de valor
Nenhuma há que mais se tinja.

Dama, ou muito mais que um rei ou
Ainda menos que um mendigo
Podes fazer, com um meneio,
De mim que sou só desabrigo.
Mas quero ouvir de tua língua
A lei que não mais constrinja
Meu coração, pois tanto ardor
Não há quem forje ou quem finja.

Dama, que enfim minha língua
Tua boca num beijo atinja
E onde quiseres e aonde for
Que o meu abraço te cinja.

Levet, faz ouvir tua língua
E que teu som sempre rinja
Com meu cantar e que este amor
Nada e ninguém mais restrinja.

No-say-que-s'es

    Escotatz, mas no say que s'es,
    senhor, so que vuelh comensar.
    Vers, estribot ni sirventes
    non es, ni nom no·l sai trobar;
    ni ges no say co·l mi fezes
    s'aytal no·l podi'acabar,
que ja hom mays non vis fag aytal ad home ni a femna
en este segle ni en l'autre qu'es passatz.

    Sitot m'o tenetz a foles
    per tan no·m poiria layssar
    que ieu mon talan non disses:
    no m'en cujes hom castiar;
    tot cant es non pres un pojes
    vas so c'ades vey et esgar,
e dir vos ay per que. Car si ieu vos o avia mogut, e
no·us o trazia a cap, tenriatz m'en per fol. Car mais
amaria seis deniers en mon punh que mil sols el cel.

    Ja no·m tema ren far que·m pes
    mos amicx, aisso·l vuelh prejar;
    s'als obs no·m vol valer manes
    pus m'o profer'ab lonc tarzar;
    pus leu que selh que m'a conques
    no·m pot nulh autre galiar.
Tot ayso dic per una domna que·m fay languir ab belas
paraulas et ab lonc respieg, no say per que. Pot me
bon'esser, senhors?

    Que ben a passatz quatre mes,
    (oc! e mays de mil ans so·m par)
    que m'a autrejat e promes
    que·m dara so que m'es pus car.
    Dona! pus mon cor tenetz pres
    adossatz me ab dous l'amar.
Dieus, ajuda! *In nomine Patris et Filii et Spiritus
Sancti*! Aiso, que sera, domna?

Não-sei-o-que-é

Escutai, não sei o que é,
senhores, mas vou começar.
Canção não é, nem sirventês,
nem outro nome lhe sei dar;
não sei dizer como se fez
e já nem sei como acabar,
que ninguém jamais o viu feito por homem ou mulher
neste século ou em outro qualquer.

Perco a razão ou perco o pé?
Ninguém me deve reprovar
nem me acusar de insensatez
por falar o que vou falar:
tudo o que há não vale uns réis
ante o que posso ver e olhar,
e já direi por quê. Se eu vos tivesse chamado, sem o
levar a cabo, me daríeis por louco. Que eu mais
quero ter uns réis na mão que ser um rei no céu.

Já não farei retorno a ré,
amigos, a que vim pregar,
nem sofrerei qualquer revés;
antes, prossigo sem tardar,
jogando logo este xadrez
com quem me soube conquistar.
Tudo isso digo por uma dama que me faz definhar com
belas palavras e longa espera, não sei por quê. Podeis
dizer-me, senhores?

Quatro meses, de boa-fé,
como mil anos vi passar
e ainda espero que me dês
o que no prometeste dar.
Dama, se amargo assim me vês,
adoça-me com doce amar!
Meu Deus, ajuda-me! *In nomine Patris et Filii et Spiritus
Sancti*! Senhora, isso o que será?

Qu'ieu soy per vos gays, d'ira ples;
iratz-jauzens me faytz trobar;
e so m'en partitz de tals tres
qu'el mon non a, mas vos, lur par;
e soy fols cantayre cortes
tan c'om m'en apela joglar.
Dona, far ne podetz a vostra guiza, co fes N'Ayma
de l'espatla que la estujet lay on li plac.

Er fenisc mo no-say-que-s'es,
c'aisi l'ay volgut batejar;
pus mays d'aital non auzi jes
be·l dey enaysi apelar;
e diga·l, can l'aura apres,
qui que s'en vuelha azautar.
E si hom li demanda qui l'a fag, pot dir que sel
que sap be far totas fazendas can se vol.

      Por teu amor perdi até
      três damas, que deixei de amar,
      e aqui me vejo, sem as três,
      irado-alegre, a cantar
      este louco trovar cortês
      qual jogral, sem poder parar.
Dama, não sei por que não fazes como fez Dona Aima
à espada, que a enfiou onde lhe aprouve.

      Chega ao fim meu não-sei-o-que-é,
      que eu assim o quis batizar,
      pois não ouvi nenhuma vez
      tal nome a algo nomear;
      se o aprendestes, sabereis
      cantá-lo a quem interessar.
E se indagarem quem o fez, podeis dizer que o fez
quem sabe fazer bem o que quiser.

Er resplan la flors enversa

Er resplan la flors enversa
pels trencans rancx e pels tertres.
Quals flors? Neus, gels e conglapis,
que cotz e destrenh e trenca,
don vey morz quils, critz, brays, siscles
pels fuels, pels rams e pels giscles;
mas mi te vert e jauzen joys,
er quan vey secx los dolens croys.

Quar enaissi o enverse
que·l bel plan mi semblon tertre,
e tenc per flor le conglapi,
e·l cautz m'es vis que·l freit trenque,
e·l tro mi son chant e siscle,
o paro·m fulhat li giscle;
aissi·m suy ferms lassatz en joy
que re no vey que·m sia croy.

Mas una gen fad'enversa
cum s'eron noirit en tertres,
que·m fan trop pieigz que conglapis
q'us quecx ab sa lengua trenca
e·n parla bas et ab siscles;
o no·y val bastos ni giscles
ni menassas, ans lur es joys,
quan fan so don hom los clam croys.

Quar en baizan no·us enverse,
no m'o tolon plan ni tertre,
dona, ni gel ni conglapi;
mas non-poder trop m'en trenque.
Dona, per cuy chant e siscle,
vostre belh huelh mi son giscle
que·m castion si·l cor ab joy
qu'ieu non aus aver talan croy.

Já resplende a flor inversa

       Já resplende a flor inversa
       por troncos, barrancos, pedras.
       Flor? Neve, granizo e gelo
       que escorcha, tortura e trinca,
       guinchos, gritos, brados, silvos,
       por folhas, ramos e vimes;
mas vivo estou, verde e feliz,
ao ver já sem vida os servis.

       Pois de tal forma os inverto
       que os ramos parecem pedras
       e tenho por flor o gelo
       e é o calor que ao frio trinca,
       trovões me são canto e silvo
       e parece folha o vime;
assim eu posso ser feliz
sem ver perversos e servis.

       É que uma fada os inverte,
       como se fossem de pedra,
       que me agridem mais que gelo
       com sua língua que trinca
       e me sussurra seus silvos;
       não bastam bastão ou vime:
a surra só faz mais feliz
a língua vil que os faz servis.

       Que eu beijando vos inverta
       não me impedem pau nem pedra,
       Dama, nem neve nem gelo.
       É o açoite, que me trinca,
       – Dama, por quem canto e silvo –
       desses olhos, doce vime,
que não me veem; eu, feliz,
vos sirvo e vós não me servis.

Anat ai cum cauz'enversa
lonc temps, sercan vals e tertres,
marritz cum hom cui conglapis
cocha e mazelh'e trenca,
qu'anc no·m conquis chans ni siscles
plus que·l fels clercx conquer giscles.
Mas ar, Dieu lau, m'alberga joys
mal grat dels fals lauzengiers croys.

Mos vers an, qu'aissi l'enverse
que no·l tenhon val ni tertre,
lai on hom non sen conglapi
ni a freitz poder que·y trenque:
a midons lo chant e·l siscle
clar, qu'el cor li·n intro·l giscle,
selh que sap gen chantar ab joy,
que no·s tanh a chantador croy.

Doussa dona, amors e joys
nos ten ensems mal grat dels croys.

Jocglar, granre ai menhs de joy,
quar no·us vey, e·n fas semblan croy.

Andei de cabeça inversa,
batendo por paus e pedras,
triste, sofrendo esse gelo
que escorcha, machuca e trinca,
pois todo o meu canto e silvo
não me deu virga nem vime.
Mas, Deus louvado, sou feliz
malgrado a malta dos servis.

Meu verso assim saia inverso
e vá, contra pau ou pedra,
lá onde não sente gelo
nem o frio pode dar trinca,
à Bela, que canto e silvo,
e deixe a vara de vime
ao que sabe cantar, feliz,
para bem servir aos servis.

Jogral,* vosso amor faz feliz
a quem por vós dobra a cerviz.

Que os olhos deste ser feliz,
por não vos ver, querem ser vis.

---

* *Jogral*: Aqui a palavra (*Jocglar*, no original) é também o *senhal*, ou pseudônimo, da amada do poeta, a trovadora Azalais de Porcairagues, segundo uma hipótese do provençalista Aimo Sakari ("Azalais de Porcairagues, le 'Joglar' de Raimbaut d'Orange", *Neuphilologische Mitteilungen*, Helsinque, 1949, vol. 50).

Arnaut Daniels

Arnaut Daniel

Vida

Arnautz Daniels si fo d'aquella encontrada don fo N'Arnautz de Maruoill, de l'evescat de Peiregors, d'un chastel que a nom Ribairac; e fo gentils hom. Et amparet ben letras e fetz se joglars, e delectet se en trobar en caras rimas, per que las soas chanssos non son leus ad entendre ni ad aprendre. Et amet una auta dompna de Gascoigna, moiller d'En Guillem de Bouvilla, mas non fo crezut que anc la dompna li fezes plazer en dreich d'amor; per qu'el ditz:

> Eu sui Arnautz q'amas l'aura
> e catz la lebre ab lo bou
> e nadi contra suberna.

Texto adotado por Gianluigi Toja.

Vida

Arnaut Daniel foi daquela província de que foi Arnaut de Maruelh, do bispado de Peirigord, de um castelo que se chama Ribeirac, e foi gentil-homem. E aprendeu bem letras, e se fez jogral, e se deleitou em trovar em rimas raras, razão por que suas canções não são fáceis de entender nem de aprender. E amou uma alta dama de Gasconha, mulher do senhor Guillem de Bouvilla, mas parece que a dama jamais lhe deu prazer consoante o direito de amor; razão por que ele diz:

> Eu sou Arnaut que amasso o ar (amo Laura)
> e caço a lebre com o boi
> e nado contra a maré.

I

Pois Raimons e·n Trucs Malecs

Pois Raimons e·n Trucs Malecs
chapten n'Ayman e sos decs,
enans serai vieills e canecs
ans que m'acort en aitals precs
don puosca venir tant grans pecs;
c'al cornar l'agra mestier becs
ab que·il traisses del corn los grecs;
e pois pogra ben issir secs
que·l fums es fortz qu'ieis dinz dels plecs.

Ben l'agr'obs que fos becutz
e·l becs fos loncs et agutz,
que·l corns es fers, laitz e pelutz
e nul jorn no estai essutz,
et es prion dins la palutz
per que rellent'en sus lo glutz
c'ades per si cor ne rendutz;
e non voill que mais sia drutz
cel que sa boch'al corn condutz.

Pro·hi agra d'autres assais,
de plus bels que valgron mais,
e si en Bernartz s'en estrais,
per Crist, anc no·i fetz que savais,
car l'en pres paors et esglais.
Car si·l vengues d'amon lo rais
tot l'escaldera·l col e·l cais;
e no·i·s cove que dompna bais
aquel qui cornes corn putnais.

I

Que Raimon ou Truc Malec

    Que Raimon ou Truc Malec
    de Dona Aima[1] se encarregue,
mas antes fique eu velho e seque
do que a tal prática me entregue,
pois pra cornar preciso é que
se tenha bico e bem se o esfregue
pra que o corno não descarregue,
mas o mais certo é que despregue
fumo tão forte que me cegue.

    Sim, é mister ser bicudo,
    ter bico longo e agudo,
que o corno é vil, feio e peludo
e nenhum dia fica enxuto
e dentro o palude é poluto
e referve de pixe bruto
que escorre desse reduto;
nem completo amante reputo
quem bote a boca em tal conduto.

    Conheço provas bem mais
    valorosas e leais,
e se Bernart pulou pra trás,
por Cristo, foi sábio o rapaz,
e seus temores, naturais,
pois esse enxurro era capaz
de escaldar-lhe as trompas nasais;
nem dama há de beijar em paz
quem corne em cornetas que tais.

1. *Raimon*, *Truc Malec*, *Dona Aima* e, mais adiante, *Bernart*: ver estudo introdutório.

Bernartz, ges eu no m'acort
   al dig Raimon de Durfort
que vos anc mais n'aguessetz tort;
que si cornavatz per deport
ben trobavarz fort contrafort,
e la pudors agra·us tost mort,
que peiz oil non fa fems en ort;
e vos, qui que·us en desconort,
lauzatz en Deu que·us n'a estort.

   Ben es estortz de perill
   que retraich for'a son fill
e a totz aicels de Cornill;
mieills li fora fos en issill
que·l la cornes en l'efonill
entre l'eschin' e·l penchenill
lai on se sangna de rovill;
ja non saubra tant de gandill
no·il compisses lo groing e·l cill.

Dompna, ges Bernartz non s'estrill
del corn cornar ses gran dozill
ab que seire·l trauc del penill,
puois poira cornar ses perill.

Bernart, pouco importa o porte
De Dom Raimon de Durforte,
nem creio outro o vosso norte,
pois se cornásseis por esporte
teríeis forte contraforte
e, em vez de amor, bafo de morte
como esterco em horto, ou mais forte;
deixai falar e a vós conforte
a pele salva e a boa sorte.

A recusa, enfim, perfilho
em nome do pai, do filho
e de todos mais de Cornilho;[1]
antes partir de vez pro exílio
do que a cornar pelo fundilho
entre a espinha e o pentenilho,[2]
tendo ferrugem de rastilho;
que em tal cornar perdem o brilho
barba, bigode e supercílio.

Que Bernart ouça este estribilho,
pra cornar corno é só segui-lo:
tampe o buraco do penilho,[3]
e poderá cornar tranquilo.

---

1. *Cornilho*: por Cornil; no original, *Cornill*, cidade do departamento de Corrèze, entre Tulle e Brives.
2. *Pentenilho*: no original, *penchenill* (do latim vulgar *peetiniculum*), púbis, monte de Vênus.
3. *Penilho*: no original, *penill*, galicismo equivalente a *penchenill*.

II

Chanson do·ill mot son plan e prim

    Chanson do·ill mot son plan e prim
    farai puois que botono·ill vim
        e l'aussor cim
        son de color
        de mainta flor
   e verdeia la fuoilla,
      e·il chan e·il braill
      son a l'ombraill
   dels auzels per la bruoilla.

    Pel bruoill aug lo chan e·l refrim
    e per qu'om no men fassa crim
        obre e lim
        motz de valor
        ab art d'Amor
   don non ai cor que·m tuoilla;
      ans si be·m faill
      la sec a traill
   on plus vas mi s'orguoilla.

    Val orguoill petit d'amador
    que leu trabucha son seignor
        del luoc aussor
        jus al terraill
        per tal trebaill
   que de joi lo despuoilla;
      dreitz es lagrim
      et arda e rim
   qui contra amor janguoilla.

II

Canção de amor cantar eu vim

    Canção de amor cantar eu vim
    ao ver o verde do capim
        e o campo enfim
        cheio de cor
        de muita flor
   e verde ver a folha,
        para que o ar
        no meu cantar
   os pássaros recolha.

    Recolho o som do ar assim
    e para revivê-lo em mim
        eu canto, sim,
        pois sei compor
        com arte e ardor
   e Amor não há quem tolha;
        nalgum lugar
        vou encontrar
   alguém, não tenho escolha.

    Se escolhe Amor ao amador
    o faz escravo de um senhor:
        aonde for,
        o faz voar
        e revoar,
   ao vento como bolha;
        triste e ruim
        é sempre o fim
   de quem Amor acolha.

Per janguoill ges no·m vir aillor,
bona dompna, ves cui ador;
    mas per paor
    del devinaill,
    don jois trassaill,
fatz semblan que no·us vuoilla;
    c'anc no·ns gauzim
    de lor noirim:
mal m'es que lor acuoilla.

Si ben m'acuoill tot a esdaill
mos pessamens lai vos assaill;
    qu'ieu chant e vaill
    pel joi que·ns fim
    lai o·ns partim;
dont sovens l'uoills mi muoilla
    d'ira e de plor
    e de doussor
car per joi ai que·m duoilla.

Ges no·m duoill d'amor don badaill
ni non sec mesura ni taill;
    sol m'o egaill
    que anc no vim
    del temps Caym
amador meins acuoilla
    cor trichador
    ni bauzador,
per que mos jois capduoilla.

Bella, qui que·i·s destuoilla,
    Arnautz dreich cor
    lai o·us honor
car vostre pretz capduoilla.

Assim acolhe com calor
a dama bela ao trovador,
    mas o temor
    do mau olhar
    não quer deixar
que Amor aflore e colha
    em seu jardim
    a flor carmim
que a inveja aferrolha.

Ferrolhos põe, para apartar
a bela dama do seu par
    e a exilar
    nalgum confim,
    longe, sem-fim;
por isso o olhar se molha
    de ira e dor,
    por não dispor
da flor, que se desfolha.

Desfolha, a flor, a descorar,
mas sua cor há de voltar
    pois meu trovar,
    claro clarim,
    não há Caim
que a ouvi-lo não se encolha,
    nem fingidor
    ou traidor
que ele não desacolha.

À Dama ama e olha
    Arnaut, cantor,
    que ante esse Amor
todo outro amor se esfolha.

III

Can chai la fueilla

    Can chai la fueilla
dels aussors entresims,
    e·l freg s'ergueilla
don seca·l vais e·l vims
    dels dous refrims
au sordezir la brueilla,
    mas ieu soi prims
d'amor, qui que s'en tueilla.

    Tot quant es gela,
mas ieu non puesc frezir,
    qu'Amors novela
mi fa·l cor reverdir;
    non dei fremir
qu'Amors mi cuebr'e·m cela
    e·m fai tenir
ma valor e·m capdela.

    Bona es vida
pus joia la mante,
    que tals n'escrida
cui ges no vai tan be;
    no sai de re
coreillar m'escarida
    que per ma fe
del mielhs ai ma partida.

    De drudaria
no·m sai de re blasmar,
    qu'autrui paria
torn ieu en reirazar;
    ges ab sa par
no sai doblar m'amia,
    qu'una non par
que seconda no·ill sia.

III

Que a folha caia

Que a folha caia
dos galhos lá de cima
 e o frio contraia
o vime e o vento oprima
 e a doce rima
dos pássaros retraia:
 só vejo a prima-
vera de amor que raia.

 Tudo regela,
só eu me sinto arder,
 que o olhar da bela
me faz reverdecer;
 como tremer
se Amor me aquece e vela
 e me faz crer
que por mim se desvela?

 Boa é a vida
se a alegria a sustém,
 se alguém duvida
é que vida não tem,
 nem me convém
deixá-la desservida;
 mais que ninguém
tive a porção devida.

 Se Amor me abriga
não tenho a quem culpar,
 quem me desdiga
fará lance de azar,
 que ela é sem par
e não há quem consiga
 sobrepujar
a minha bela amiga.

No vuelh s'asemble
mos cors ab autr'amor
   si qu'eu já·il memble
ni volva·l cap ailhor;
   non ai paor
que ja selh de Pontremble
   n'aia gensor
de lieis ni que la semble.

Ges non es croia
selha cui soi amis;
   de sai Savoia
plus bella no·s noiris;
   tals m'abelis
don ieu plus ai de joia
   non ac Paris
d'Elena, sel de Troia.

Tant per es genta
selha que·m ten joios
   las gensor trenta
vens de belas faisos;
   ben es razos
doncas que mos chans senta,
   quar es tan pros
e de ric pretz manenta.

Vai t'en, chansos,
denan lieis te prezenta
   que s'ill no fos
no·i meir'Arnautz s'ententa.

Não quero avença
com nenhum outro amor,
nem recompensa
outra que o seu calor;
nenhum senhor
de Pontremble* ou Provença
pode me opor
outra melhor, que a vença.

Ninguém destrói a
beleza que irradia.
Desde Savoia
não vi tão claro dia,
que desvaria
como a luz de uma joia.
Assim queria
Páris a Helena em Troia.

Tal é o portento
que tem minha afeição;
não há num cento
tão formosa feição;
é com razão
que o seu valor sustento
e a vejo tão
bela em meu pensamento.

Leva, canção
a ela o teu alento:
sem ela, em vão,
Arnaut te deu talento.

---

* *Pontremble*: cidade de Pontremoli, na Itália (Toscana). O senhor de Pontremble é, provavelmente, o marquês Alberto Malaspina, que tinha fama de conquistador e era rival do trovador Raimbaut de Vaqueiras.

IV

Lancan son passat li giure

Lancan son passat li giure
e no·i reman puois ni comba,
et el verdier la flors trembla,
sus el entrecim on poma,
la flors e li chan e·il dar quil
ab la sazon doussa e coigna
m'enseignon c'ab joi m'apoigna,
sai al temps de l'intran d'abril.

Ben greu trob'om joi desliure,
c'a tantas partz volv e tomba
fals'Amors, que no s'asembla
lai on leiautatz asoma;
qu'ieu non trob jes doas en mil
ses falsa paraulla loigna,
e puois c'a travers non poigna
e no torne sa cartat vil.

Totz lo plus soms en va hiure
ses muiol e ses retomba
cui ill, gignos', en cel embla
la crin que·il pend a la coma
e plus pres li brui de l'auzil
e plus pres gentet s'en desloigna;
e·l fols cre mieills d'una moigna
car a simple cor e gentil.

Ses fals'Amors cuidiei viure,
mas ben vei c'un dat mi plomba
quand ieu mieills vei qu'il m'o embla;
car tuich li legat de Roma
no son jes de sen tant sotil;
que na devisa Messoigna,
que tant soaument caloigna,
que men posca falsar un fil.

IV

Quando já se vai a neve

    Quando já se vai a neve
    e deixa em paz monte e comba
    e entre os verdes a flor treme
    e o ramo já pede poma,
a flor e o canto, o som e o céu
    e o ar suave da montanha,
    tudo me chama à campanha
de um novo abril que renasceu.

    A alegria ninguém deve
    julgá-la fácil, pois tromba
    com falso Amor, que não teme,
    e, onde há lealdade, assoma;
que em mais de mil não achei eu
    nem duas sem artimanha,
    e a mulher, de forma estranha,
torce a palavra que já deu.

    Não há sábio que não leve
    à loucura: ei-lo que tomba,
    tonto sem vinho e sem leme,
    perdendo o pelo da coma;
quanto mais longe se escondeu,
    mais pronto o Amor o emaranha
    e o pobre crê na patranha
qual monja em tudo o que entendeu.

    Pensei que o Amor fosse leve,
    mas se é falso, um dado zomba
    com chumbo da mão que o preme;
    nem um legado de Roma
tais sutilezas aprendeu,
    que a Mentira o acompanha
    e ele enreda com tal manha
que até de um fio já fez um véu.

Qui Amor sec, per tal·s liure:
　　　　cogul tenga per colomba;
　　　　s'ill o ditz ni ver li sembla,
　　　　fassa·il plan del Puoi de Doma;
　　quan d'el plus prop es tant s'apil;
　　　　si co·l proverbis s'acoigna,
　　　　　si·l trai l'uoill, sel puois lo·il oigna;
　　sofra e sega ab cor humil.

　　　　Ben conosc ses art d'escriure
　　　　que es plan o que es comba,
　　　　qu'ieu sai drut que si assembla
　　　　don blasm'a leis, el col groma;
　　qu'ieu n'ai perdut ric cortil,
　　　　car non vuoill gabs ab vergoigna
　　　　ni blasme ab honor loigna,
　　per que ieu loing son seignoril.

　　Bertran, non cre de sai lo Nil
　　　　mais tant de fin joi m'apoigna
　　　　de sai on lo soleils poigna
　　tro lai on lo soleils plovil.

Quem a tal Amor se atreve,
que aceite cuco por pomba,
faca aguda faça romba
e planície a Puoi de Doma,[1]
se é sábio, há de virar sandeu,
mas não se queixe se apanha:
"perde um olho, o outro ganha";
diz o provérbio ao que o perdeu.

Distingo, para ser breve,
o que é plano do que é lomba,
às vezes o Amor que freme
a ela infama e a ele embroma;
a mim quis levar-me o que é meu,
mas a honra não me arranha
pois me nego a tal façanha
e a ser tão rico, antes plebeu.

Bertran,[2] ninguém já conheceu
uma alegria tamanha,
do Nilo, onde o sol se banha,
até lá, onde o sol choveu.

---

1. *Puoi de Doma*: Puy-de-Dôme, montanha de Auvergne, França.
2. *Bertran*: talvez o trovador Bertran de Born, contemporâneo e amigo de Arnaut.

V

Lanquan vei fueill'e flor e frug

Lanquan vei fueill'e flor e frug
parer dels albres eill ramel
e aug lo chan que faun e·l brug
ranas el riu, el bosc auzel,
doncs mi fueill'e·m floris e·m fruch' Amors
el cor tan gen quela nueit me retsida
quant autra gen dorm e pauz'e sojorna.

Ar sai ieu c'Amors m'a condug
el sieu plus seguran castel
don non dei renda ni trahug,
ans m'en ha fait don e capdel;
non ai poder ni cor que·m vir' aillors
qu'ensenhamens e fizeutatz plevida
jai per estar, c'a bon pretz s'i atorna.

Amors, de vos ai fag estug
lonjamen verai o fizel,
c'anc no fis guanda ni esdug
d'amar, ans m'era bon e bel;
e vos faitz m'en dels grans afans socors!
Merces d'aitan, que·l mieils ai ad eslida
don part soleils duesc'al jorn quez ajorna.

D'enguan mi tueill e d'enueg fug
per l'amor ab que m'atropel,
don ai un tal ver dig adug
re no sai que mentirs s'espel;
hueimais pretz ieu ben pauc lauzenjadors
per so qu'ieu vueill e·m vol sill c'ai cobida,
et ieu soi cel que·ls sieus digz non trastorna.

V

Se vejo folha e flor e fruto

       Se vejo folha e flor e fruto
       fazer das árvores dossel
       e o som agudo ou breve escuto
       de rãs no rio e aves ao léu,
logo me enfolha e enflora e enfruta o Amor
e a noite para mim é mais comprida
enquanto aos outros dorme, pousa e amorna.

       Amor me leva ao seu reduto,
       ao seu castelo mais fiel,
       sem exigir renda ou tributo,
       pois me faz rei em vez de réu
da fortaleza de que é o senhor,
que por fidelidade é defendida,
a fé protege e a cortesia orna.

       Amor, abrigo te reputo
       de altas virtudes. Teu anel
       já não refugo nem refuto,
       que amar me sabe como mel.
Por isso conto com o teu favor
para colher a flor mais escolhida
da aura da aurora à hora que retorna.

       É tão veraz, tão absoluto
       o Amor que me leva ao céu,
       que erros ou males não discuto,
       não temo o falso com seu fel
nem dou ouvido ao vil adulador,
pois amo e me ama a minha preferida
e maldizer algum já me transtorna.

Si l'auzes dir, ben saubron tug
   que Jois mi monta·l cor el cel,
   quar deport mi creis e desdug
   la bela que d'amor apel;
mon bon esper mi dotbla sa valors
quar qui mais val mais dopta far faillida
et ill non es de re trista ni morna.

   D'aquest' amor son lunh forsdug
   dompneiador fenhen, fradel,
   pero si·s n'an maint pretz destrug
   tal que·s fan cueinte et isnel;
et ieu que soi dels leials amadors
estau jauzens, c'Amors e Jois me guida
lo cor en joi, que aillors no·s trastorna.

Vai t' en, chansos, a la bela de cors
e diguas li c'Arnautz met en oblida
tot'autr' amor per lieis vas cui s'adorna.

　　　　Falar não me parece arguto
　　　　nem proclamá-lo no papel.
　　　　Ela é tão bela que eu reluto
　　　　em pintá-la com meu pincel.
Tanta esperança dobra o seu valor.
A quem mais vale, a vida já duvida,
quando não é nem amarga nem morna.

　　　　Amar assim não sabe o astuto
　　　　cortejador mau e infiel,
　　　　que a flor do Amor cobre de luto
　　　　com sua fala de ouropel.
Mas eu, que sou legítimo amador,
posso fruir em paz, por toda a vida,
de Amor só meu, que em ninguém mais sojorna.

Vai ter, canção, a essa bela flor
e dize-lhe que Arnaut apaga e olvida
todo outro amor por ela que te adorna.

VI

D'autra guiza e d'autra razon

       D'autra guiza e d'autra razon
       m'aven a chantar que no sol,
       e no·us cugetz que de mon dol
       esper a far bona chanson,
mas mestiers m'es qu'eu fassa merceiar
a mans, chantan leis que m'encolp'a tort,
qu'ieu n'ai lezer, qu'estiers non parl'ab tres.

       Merce dei trobar e perdon
       si·l dreit usatges no·m destol
       tal que de merceiar no·m tol.
       Ja salvet merces lo lairon
quez autre bes no·l podia salvar;
ieu non ai plus vas ma vida cofort
que, s'il dreitz qu'ai no·m val, vailha·m merces,

       Donc ha hom dreg en amor? Non;
       mas cujarion so li fol;
       qu'ela·us encolpara, si·s vol,
       quar li Frances no son Guascon
e quar la naus frais ans que fos a Bar.
Las! per aital colpa sui pres de mort,
que d'als, per Crist, no sai qu'anc tort l'agues.

       Ar conosc ieu e sap mi bon
       c'om no·s part leu de so que vol
       ans n'a cor plus humil e mol
       sitot l'estrai un tems son don;
per me·us o dic, qu'anc non puec dezamar
selha que·m tolh del tot joi e deport,
ans m'afortis ades on pieger m'es.

VI

De outro modo e de outra razão

      De outro modo e de outra razão
      me vem um cantar sem igual,
      a não pensem que do meu mal
      quero extrair boa canção,
mas é mister que eu faça demandar
aquela que ao direito julga torto,
e por muitos, não três, devo fazê-lo.

      Devo pedir paz e perdão,
      se esse direito natural
      não me tolhem, por ilegal.
      Piedade salvou o ladrão
ao qual virtude alguma quis salvar,
e eu dela não pretendo outro conforto
salvo rogar que atenda ao meu apelo.

      Em amor há direitos? Não.
      Só os loucos lhe dão aval;
      que ela me julga desleal
      porque um francês virou gascão
ou porque a nau não arribou a Bar.*
Por tais pecados estou quase morto,
que outras culpas não tenho, só desvelo.

      Agora sei, de coração,
      que ninguém deixa o bem, ao qual
      quer com amor descomunal,
      se ela lhe deu luz e ilusão;
falo assim, pois não posso desamar
a que me tem, sem jogo e sem desporto,
e maior é o seu não, maior meu zelo.

---

* *Bar*: a cidade de Bari, no sul da Itália, muito frequentada pelos que vinham do Oriente.

        Hueimais, senhor e companhon,
        per Dieu, ans que del tot m'afol,
        preiatz lieis don m'amors no·s tol
        qu'en aia merce cum del son;
    e diguas tug, pus ieu non l'aus nomnar:
    Bela, prendetz per nos n'Arnaut en cort
    e no metatz son chantar en defes.

Senhores, antes que a razão
perca na escuridão total,
rogai a ela que, afinal,
me tome, como à sua mão;
dizei à que eu não posso nomear:
Bela, deixa que Arnaut aporte ao porto,
não cales sua fala com teu gelo.

VII

Anc ieu non l'aic, mas ella m'a

Anc ieu non l'aic, mas ella m'a
totz temps en son poder, Amors,
e fai·m irat, let, savi, fol,
cum cellui qu'en re no·is torna,
c'om no·is deffen qui ben ama;
c'Amors comanda
c'om la serva a la blanda,
per qu'ieu n'aten
soffren,
bona partida
quand m'er escarida.

S'ieu dic pauc, inz el cor m'esta
qu'estar mi fai temen paors;
la lenga·is feign, mas lo cors vol
so don dolens si sojorna;
qu'el languis ma no s'en clama,
qu'en tant a randa
cum mars terra garanda
no a tant gen
presen
cum la chausida
qu'ieu ai encobida.

Tant sai son pretz fin e certa
per qu'ieu no·m puosc virar aillors;
per so fatz ieu que·l cors men dol,
que quan sols clau ni s'ajorna
eu non aus dir qui m'aflama;
lo cors m'abranda
e·ill huoill n'ant la vianda,
car solamen
vezen
m'estai aizida:
ve·us que·m ten a vida!

VII

Se eu não a tenho, ela me tem

Se eu não a tenho, ela me tem
o tempo todo preso, Amor,
e tolo e sábio, alegre e triste,
eu sofro e não dou troco.
É indefeso quem ama.
Amor comanda
à escravidão mais branda
e assim me rendo,
sofrendo,
à dura lida
que me é deferida.

Se calo, é porque mais convém
calar, em mim, o meu calor.
A língua hesita, o corpo existe
e, doendo, acha pouco,
sofre mas não reclama.
A sombra vã da
memória me demanda
e eu me surpreendo
mexendo
nesta ferida
sempre revolvida.

É tal a luz que dela vem
que até me aqueço nessa dor
sem outro sol que me conquiste,
mas no sol ou no fogo
não digo quem me inflama.
O olhar me abranda,
Só os olhos têm vianda,
e a ela vendo
vou tendo
mais distendida
minha sobrevida.

Fols es qui per parlar en va
quier cum sos jois sia dolors!
Car lausengier, cui Dieus afol,
non ant jes lengueta adorna:
l'us conseilla e l'autre brama,
per que·is desmanda
Amors tals fora granda.
Mas ieu·m deffen
feignen
de lor brugida
e am ses faillida.

Pero gauzen mi ten e sa
ab un plazer de que m'a sors,
mas mi no passara ja·l col
per paor qu'il no·m fos morna,
qu'enquera·m sent de la flama
d'Amor, qui·m manda
que mon cor non espanda;
si fatz, soven
temen,
puois vei per crida
maint'amor delida.

Maint bon chantar levet e pla
n'agr' ieu plus fait, si·m fes socors
cella que·m da joi e·l mi tol;
qu'er sui letz, er m'o trastorna,
car a son vol me liama.
Ren no·il desmanda
mos cors, ni no·il fai ganda,
ans franchamen
li·m ren:
doncs, si m'oblida
marces es perida.

Mieills-de-ben ren,
si·t pren,
chanssos, grazida,
c'Arnautz non oblida.

Quem muito fala perde o bem,
falece à falta de valor.
O falador na falha insiste
e adorna a língua, o louco:
geme, murmura, clama
e se desmanda.
Por isso o Amor debanda.
Eu me defendo
perdendo
esta partida
e amo sem saída.

Mas para sempre me sustém
o que ela deu, seja o que for.
Querem saber em que consiste?
Eu calo, tronco oco.
Pois ainda sinto a flama
do Amor, que manda
que agora eu não me expanda,
e obedecendo,
entendo,
pois sei perdida
a causa que é traída.

Eu sei cantar como ninguém
mas meu saber perde o sabor
se ela me nega o que me assiste,
Vejo-a só, não a toco,
mas sempre que me chama
para ela anda
meu corpo, sem demanda,
e sempre atendo,
sabendo
que ela me olvida
a paga merecida.

Ela querendo,
pretendo,
canção, só vida.
Arnaut não olvida.

VIII

Autet e bas entre·ls prims fuoills

Autet e bas entre·ls prims fuoills,
son nou de flors els rams li renc,
e no·i ten mut bec ni gola
nuills auzels, anz braia e chanta
cadahus
en son us:
pel joi qu'ai d'else del tems
chant, mas amors mi assauta,
qui·ls motz ab lo son acorda.

Dieu o grazisc e a mos huoills,
que per lor conoissensa·m venc
jois, qu'adreich auci e fola
l'ira qu'ieu n'agui e l'anta.
Er vau sus,
qui qu'en mus,
d'Amor, don sui fis e frems;
c'ab lieis c'al cor plus m'azauta
sui liatz ab ferma corda.

Merces, Amors, c'aras m'acuoills!
Tart mi fo, mas en grat m'o prenc,
car, si m'art dinz la meola,
lo fuocs non vuoill que s'escanta;
mas pel us
estauc clus
que d'autrui joi fant greus gems,
e pustell' ai en sa gauta
cel c'ab lieis si desacorda.

VIII

Alto e baixo por entre as folhas

Alto e baixo por entre as folhas
flores novas tremem nos ramos
e não há bico nem gola
que cale. Em toda garganta
um sol luz
e traduz
cada matiz que me faz
cantar. E o Amor que me assalta
a palavra e o som acorda.

A Deus sou grato e aos meus olhos
pelo prazer que desfrutamos.
Alegria que degola
a ira de outrora e é tanta
que me induz,
rindo, a sus-
pirar de amor e de paz,
a uma afeição tão alta
atado com firme corda.

Amor, não temo – se me acolhes –
que no teu fogo lento ardamos,
pois, se à medula se cola,
teu calor já não me espanta.
Mas me impus
trobar clus,
que eu temo a fala falaz
e um cancro não sobressalta
como a língua que desborda.

De bon'amor falsa l'escuoills,
e drutz es tornatz en fadenc,
qui di qu'el parlar no·il cola
nuilla re c'al cor creanta
de pretz l'us;
car enfrus
es d'aco qu'eu mout ai crems,
e qui de parlar trassauta
dreitz es qu'en la lenga·is morda.

Vers es qu'ieu l'am, et es orguoills,
mas ab jauzir celat lo trenc;
qu'anc, pos Sainz Pauls fetz pistola
ni nuills hom deius caranta
non poc plus
neis Jhesus
far de tals, car totz essems
a·ls bos aips don es plus auta
cella c'om per pros recorda.

Pretz e Valors, vostre capduoills
es la bella c'ab si·m retenc,
qui m'a sol et ieu liei sola,
c'autra el mon no m'atalanta;
anz sui brus
et estrus
ad autras e·l cor teing prems,
mas pel sieu joi trepa e sauta:
no vuoill c'autra m'o comorda.

Arnautz ama e no di nems,
c'Amors l'afrena la gauta
que fols gabs no la·ill comorda.

O amor fiel encontra escolhos
na fala falsa que falamos.
Quem não se cala e se isola
e as palavras não suplanta
não faz jus
a tal luz
e o que é perfeito desfaz.
Se tanta parola exalta,
melhor é que a língua morda.

Amo-a, bem sei, mas aferrolho
num cofre a imagem que mais amo.
Não há santo nem esmola,
nem jejum que me garanta,
nem Jesus
lá na cruz,
outra tão bela e veraz
e que entre todas ressalta
como a que mais se recorda.

Amor tão puro e sem refolhos
não pede mais nem tem reclamos.
Só ela é o sol que me insola
e nenhuma outra me encanta.
Do que expus
se deduz
que se ela em meu peito jaz
meu coração canta e salta
e de nada mais discorda.

Arnaut ama e não diz mais,
que a fala não lhe faz falta.
Quem mais diz, mais desacorda.

IX

L'aura amara

L'aura amara
fa·ls bruoills brancutz
clarzir
que·l doutz espeissa ab fuoills,
el·s letz
becs
dels auzels ramencs
ten balps e mutz,
pars
e non pars;
por qu'eu m'esfortz
de far e dir
plazers
a mains, per liei
que m'a virat bas d'aut,
don tem morir
si·ls afans no m'asoma.

Tant fo clara
ma prima lutz
d'eslir
lieis don cre·l cors los huoills,
non pretz
necs
mans dos aguilencs;
d'autra s'es dutz
rars
mos preiars:
pero deportz
m'es ad auzir
volers,
bos motz ses grei
de liei, don tant m'azaut
qu'al sieu servir
sui del pe tro c'al coma.

IX

Aura amara

Aura amara
branqueia os bosques, car-
come a cor
da espessa folhagem.
Os
bicos
dos passarinhos
ficam mudos,
pares
e ímpares.
E eu sofro a sorte:
dizer louvor
em verso
só por aquela
que me lançou do alto
abaixo, em dor
– má dama que me doma.

Foi tão clara
a luz do seu olhar
que em meu cor-
ação gravou a imagem.
Dos
ricos
rio, seus vinhos,
damas e ludos
parec-
em-me vulgares.
Só tenho um norte:
morrer de amor
imerso
no olhar da bela
que me tomou de assalto,
seu servidor
ser, dos pés até a coma.

Amors, gara,
sui ben vencutz,
c'auzir
tem far, si·m desacuoills,
tals d'etz
pecs
que t'es mieills que·t trencs;
qu'ieu soi fis drutz,
cars
e non vars,
ma·l cors ferms fortz
mi fai cobrir
mains vers;
c'ab tot lo nei
m'agr' ops us bais al chaut
cor refrezir,
que no·i val autra goma.

Si m'ampara
cill cui·m trahutz,
d'aizir,
si qu'es de pretz capduoills,
dels quetz
precs
c'ai dedinz a rencs,
l'er fors rendutz
clars
mos pensars:
qu'eu fora mortz,
mas fa·m sofrir
l'espers
que·ill prec que·m brei,
c'aisso·m ten let e baut;
que d'als jauzir
no·m val jois una poma.

Amor, para!
Que queres mais provar?
Por que tor-
turares o teu pajem,
só os
picos
dos teus espinhos
pontiagudos
dares,
flor negares?
A alma é forte,
mas o cor-
po inverso
já se rebela
e quer de um salto
colher a flor
de boca, beijo e aroma.

Se me ampara
essa a quem vivo a orar,
no calor
da sua hospedagem,
jus-
tifica os
meus descaminhos,
muda os
pesares
dos meus pensares.
Mas antes morte
contrapor
adverso
do que perdê-la,
só meu sobressalto.
Que o seu valor
é mais que qualquer soma.

Doussa car', a
totz aips volgutz,
sofrir
m'er per vos mainz orguoills,
car etz
decs
de totz mos fadencs,
don ai mains brutz
pars,
e gabars;
de vos no·m tortz
ni·m fai partir
avers,
c'anc non amei
ren tan ab meins d'ufaut,
anz vos desir
plus que Dieu cill de Doma.

Era·t para,
chans e condutz,
formir
al rei qui t'er escuoills;
car Pretz,
secs
sai, lai es doblencs,
e mantengutz
dars
e manjars:
de joi la·t portz,
son anel mir,
si·l ders,
c'anc non estei
jorn d'Aragon qu'el saut
no·i volgues ir,
mas sai m'a clamat Roma.

Face cara
que me faz pervagar
sem temor
atrás de uma miragem,
nos
becos,
pelos caminhos
mais desnudos,
por ares
e por mares,
em louco esporte.
Surdo ao rumor
perverso,
somente a ela
sobreamo, falto
de senso, amor
maior que a Deus tem Doma.[1]

Vai, prepara
canções para doar,
trovador,
ao rei em homenagem.
Rús-
ticos
pães, duros linhos
serão veludos,
raríss-
simos manjares.
Parte com porte.
Embora em dor
subverso,
venera o anel.[2] A
Aragón, baldo,
vai teu ardor,
pois quem comanda é Roma.[3]

---

1 *Doma*: aldeia de Périgord, onde havia um mosteiro no alto de uma montanha.
2 *O anel*: trata-se do anel de Alfonso, rei de Aragão, ao qual o poeta deveria prestar tributo.
3 *Roma*: a alusão é obscura. Segundo uma interpretação, Arnaut tomou o hábito monástico, trocando Aragão, onde teria deixado alguém que amava, pela religião de Roma. Toja considera legendário esse episódio biográfico e, adotando a lição de Appel, lê "roma" como imperativo do verbo "romaner" (permanecer).

Faitz es l'acortz,
qu'el cor remir
totz sers
lieis cui dompnei
ses parsonier, Arnaut,
qu'en autr'albir
n'es fort m'entent'a soma.

Ei-la em seu forte.
Combatedor
converso,
em sua cela
sou prisioneiro, Arnaldo.
Esse sabor
de amar ninguém me toma.

X

En cest sonet coind'e leri

En cest sonet coind'e leri
fauc motz e capuig e doli,
e serant verai e cert
quan n'aurai passat la lima;
qu'Amors marves plan'e daura
mon chantar, que de liei mou
qui pretz manten e governa.

Tot jorn meillur et esmeri
car la gensor serv e coli
el mon, so·us dic en apert.
Sieus sui del pe tro qu'en cima,
e si tot venta·ill freid'aura,
l'amors qu'inz el cor mi plou
mi ten chaut on plus iverna.

Mil messas n'aug e·n proferi
e·n art lum de cera e d'oli
que Dieus m'en don bon issert
de lieis on no·m val escrima;
e quan remir sa crin saura
e·l cors qu'es grailet e nou
mais l'am que qui·m des Lucerna.

Tant l'am de cor e la queri
c'ab trop voler cug la·m toli
s'om ren per ben amar pert.
Qu'el sieus cor sobretracima
lo mieu tot e non s'eisaura;
tant a de ver fait renou
c'obrador n'a e taverna.

X

Neste poema agora quero

Neste poema agora quero
palavras polidas com plaina
e ele será veraz e certo
quando eu tiver passado a lima;
que o Amor me doura o verso e instaura
o meu cantar, que é amparado
por quem me inspira e me governa.

Todo o dia me apuro e esmero
para servir com fúria e faina
à dama que me tem desperto
da ponta dos pés até em cima,
e quando sopra a fria aura
o amor chovendo em meu telhado
me faz quente onde mais inverna.

Ouço mil missas e venero
com vela e lume à Santa Mãe na
esperança de ver se acerto
a minha mão nessa obra-prima:
que ao remirar-lhe a trança laura,
o corpo belo e bem formado,
a amo mais do que a Lucerna.[1]

E tanto a amo e tanto a espero
que se o tormento não amaina
sou capaz de a roubar, de incerto,
a mim mesmo, antes que a suprima
outro amor de mim e me exaura;
mas se me amar, pago dobrado:
dou taverneiro e dou taverna.

---

1. *Lucerna*: legendária cidade da Espanha, atual Lucena (Província de Valência).

No vuoill de Roma l'emperi
ni c'om m'en fassa apostoli,
qu'en lieis non aia revert
per cui m'art lo cors e·m rima;
e si·l maltraich no·m restaura
ab un baisar anz d'annou
mi auci e si enferna.

Ges pel maltraich qu'ieu soferi
de ben amar no·m destoli,
si tot me ten en desert,
c'aissi·n fatz los motz en rima.
Pieitz trac aman c'om que laura,
c'anc plus non amet un ou
cel de Moncli n'Audierna.

Ieu sui Arnautz qu'amas l'aura,
e chatz la lebre ab lo bou
e nadi contra suberna.

Não quero Roma, não impero
nem com anel nem com sotaina,
pois isso não me põe mais perto
da que tem toda a minha estima.
Ou ela em suma me restaura
num longo beijo ao meu estado
ou me mata enfim e se inferna.

De amar, porém, não desespero,
que o sofrimento já se aplaina:
embora eu viva num deserto,
é a paixão que me arruma a rima.
Tão grande amor não há quem haura
nem jamais assim tem amado
o Senhor de Moncli a Audierna.[2]

Eu sou Arnaut que am(ass)o (l)a(u)r(a),
caço lebre com boi e nado
contra a maré em luta eterna.

---

2. *O senhor de Moncli a Audierna*: dois amantes.

XI

En breu brisara·l temps braus

En breu brisara·l temps braus,
e·ill bisa busina els brancs
qui s'entreseignon trastuich
de sobreclaus rams de fuoilla;
car no·i chanta auzels ni piula
m'enseign' Amors qu'ieu fassa adonc
chan que non er segons ni tertz
  ans prims d'afrancar cor agre.

Amors es de pretz la claus
e de proesa us estancs
don naisson tuich li bon fruich,
s'es qui leialmen los cuoilla;
qu'un non delis gel ni niula
mentre que·s noiris el bon tronc;
mas si·l romp trefans ni culvertz
  peris tro leials lo sagre.

Faillirs esmendatz es laus;
et eu senti·m n'ams los flancs
que mais n'ai d'amor ses cuich
que tals qu'en parl' e·is n'orguoilla;
que pieitz mi fa·l cor de friula.
Mentr'ella·m fetz semblan embronc,
mais volgr' ieu trair pena els desertz
  on anc non ac d'auzels agre.

XI

Em breve briga o tempo bravo

    Em breve briga o tempo bravo
    e a brisa buzina nos bancos
    de neve onde se entrevam, brutos,
    os galhos glabros e sem folha.
    Mas se não pia ave nem pula,
Amor requer de mim que eu cante um canto
que dentre todos seja o que mais perto
    logre adoçar coração agre.

    Amor me aguarda como um favo
    ou planta rara entre os barrancos,
    da qual nascem só belos frutos
    para quem lealmente os colha.
    Nuvem nem gelo não anula
ao fruto que provém de um tronco santo,
porém se o fere a mão de um vil esperto,
    perece até que alguém o sagre.

    Falta emendada é desagravo
    e eu sinto em ambos os meus flancos
    que a amo mais que os dissolutos
    que se orgulham de sua escolha.
    Meu coração se desregula
quando eu a vejo. Mas sem seu encanto
antes sofrer as penas do deserto
    que ave não vê, nem por milagre.

Bona doctrina e soaus
e cors clars, sotils e francs
m'an d'Amor al ferm conduich
de lieis don plus vuoill que·m cuoilla;
car si·m fo fera et estriula
er jauzimens breuja·m temps lonc,
qu'il m'es plus fina et ieu lieis certz
que Talant'e Meleagre.

Tant dopti que per non-aus
devenc sovens niers e blancs;
si m'a·l seus desirs forsduich
no sap lo cors trep o·is duoilla;
mas Jois que d'esper m'afiula
m'encolpa car no la somonc;
per qu'ieu sui d'est prec tant espertz
non ai d'als talen neis magre.

Pensar de lieis m'es repaus,
e traga·m ams los huoills crancs
s'a lieis vezes no·ls estuich;
e·l cor non crezatz qu'en tuoilla,
car orars ni jocs ni viula
no·m pot de leis un travers jonc
partir... C'ai dig? Dieus, tu·m somertz
o·m peris el peleagre!

Arnautz vol sos chans sia ofertz
lai on doutz motz mou en agre.

Boa doutrina, sem conchavo,
coração claro e olhos francos,
são para o amor firmes condutos
da que pretendo que me acolha;
pois se enganou à minha gula,
ora é prazer o que antes era pranto,
e o nosso amor será mais puro e certo
que o de Atalanta e Meleagre.[1]

De tanto hesitar, seu escravo,
sou branco e negro, passos mancos,
não sei se em anos ou minutos
meu coração abra ou encolha.
Mas o desejo já me açula
a demandar-lhe aquilo que não janto
e o fogo me mantém vivo e desperto;
outro não há que me conflagre.

Pensando nela perco o travo.
Meus olhos, quero vê-los brancos
se, sem ela, os tiver enxutos.
Que o coração não mais me tolha.
Nem viola, nem ás, nem bula
podem-me demover e esse quebranto
quebrar... Que digo? Ou com Deus me concerto
ou peno em plena peleagre.[2]

Arnaut quer que seu canto seja oferto
à que é tão doce e se diz agre.

---

1. *Atalanta e Meleagre*: Atalanta e Meléagro, personagens da mitologia grega, cujos castos amores são referidos por Ovídio (*Metamorfoses*, livro VIII).
2. *Peleagre*: mantenho a palavra provençal, tão sugestiva, de sentido duvidoso e talvez duplo. Pode significar "mar", "pélago", segundo Raynouard. Ou ainda "peleja", incluindo o subsentido de "luta amorosa", na opinião de Lavaud. Canello acredita haver na palavra uma alusão erótica ao pélvis, *pelveagre* ou *pel* (pelo) de uma dama cujo sobrenome começava com o vocábulo *agre*, originária da localidade de *Agremons*, Agremont ou Gramont, e que poderia ser a mesma Laura de outras canções, conforme esclarece Toja, com apoio em outros estudiosos.

XII

Doutz brais e critz

Doutz brais e critz,
lais e cantars e voutas
aug dels auzels qu'en lur latin fant precs
quecs ab sa par, atressi cum nos fam
a las amigas en cui entendem;
e doncas ieu qu'en la genssor entendi
dei far chansson sobre totz de bell'obra
que no·i aia mot fals ni rima estrampa.

Non fui marritz
ni non presi destoutas
al prim qu'intriei el chastel dinz los decs,
lai on estai midonz, don ai gran fam
c'anc non l'ac tal lo nebotz Sain Guillem;
mil vetz lo jorn en badaill e·m n'estendi
per la bella que totas autras sobra
tant cant val mais fis gaugz qu'ira ni rampa.

Ben fui grazitz
e mas paraulas coutas,
per so que jes al chausir no fui pecs,
anz volgui mais prendre fin aur que ram,
lo jorn quez ieu e midons nos baisem
e·m fetz escut de son bel mantel endi
que lausengiers fals, lenga de colobra,
non o visson, don tan mals motz escampa.

XII

Doces ais, gritos

Doces ais, gritos,
árias, cantares, juras
ouço das aves que pelo ar afora
voam aos pares, como qualquer homem
enamorado faz à amiga que ama.
Mas eu, ante a mais bela a que me rendo,
devo cantar de amor maior em obra
sem fala falsa ou rima de costume.

Não houve atritos
nem padeci torturas
ao penetrar nas torres onde mora
a dama a quem desejo com mais fome
do que nenhum mortal que o amor inflama,
pois todo o dia gemo e me distendo
pela dama melhor que as demais dobra
como a beleza faz a ira ou ciúme.

Foram benditos
meus votos pelas puras
mãos dessa que proclamo por senhora,
ouro diante do qual o bronze some.
Beijamo-nos e a dama, em doce trama,
o seu manto estendeu, me defendendo
do vil bajulador, língua de cobra,
que lança fel sob a fala de gume.

Dieus lo chauzitz,
per cui foron assoutas
las faillidas que fetz Longis lo cecs,
voilla, si·l platz, qu'ieu e midonz jassam
en la chambra on amdui nos mandem
uns rics convens don tan gran joi atendi,
que·l seu bel cors baisan rizen descobra
e que·l remir contra·l lum de la lampa.

Ges rams floritz
de floretas envoutas
cui fan tremblar auzelhon ab lur becs
non es plus frescs, per qu'ieu no volh Roam
aver ses lieis ni tot Jerasalem;
pero totz fis, mas juntas, a li·m rendi,
qu'en lici amar agr'ondra·l reis de Dobra
a celh cui es l'Estel, e Luna-pampa.

Bocca, que ditz?
qu'eu crei que·m auras toutas
tals promessas don l'emperaire grecs
en for'onratz o·l senher de Roam
o·l reis que ten Sur e Jerusalem;
doncs ben sui fols que quier tan que·m repandi,
que jes Amors non a poder que·m cobra,
ni savis es nuls om qui joi acampa.

Deus dos aflitos,
que vistes com brandura
Longino, o cego,¹ na mais dura hora,
permiti que este amor que me consome
se consume, afinal, em minha dama
e que eu, em sua câmara jazendo,
seu belo corpo aos beijos rindo abra
e que o remire contra a luz do lume.

Bosques bonitos,
flores e fiorituras
que as aves bicam, trêmulas, lá fora
são menos juvenis. Ruão² ou Roma e
até Jerusalém, sem ela, é lama.
A ela, pois, mãos juntas, eu atendo,
que amá-la dobraria o rei de Dobra,
Estela, Luna-Pampa,³ ou qualquer nume.

Boca, que ditos
dizes? O que procuras?
Que pareces assim mandar embora
dons que a qualquer senhor dariam nome
e o de Jerusalém já se reclama.
Bem louco sou se vendo o que pretendo,
que Amor não me defende, só me cobra,
e mais louco se desço antes do cume.

---

1. *Longino, o cego*: o centurião que atravessou com sua lança o corpo de Jesus Cristo e foi curado com o sangue que jorrou da ferida (*Evangelho de Nicodemo*). Como acentua Peter Markin, baseado em interpretação de Hugh Kenner, "Arnaut compara a sua visão do corpo da dama ao modo como Longino, cego, pôde ver Cristo e, por consequência, a uma revelação miraculosa" ("La Provence de Pound et le Duecento", em *Ezra Pound et les Troubadours*).
2. *Ruão*: pode referir-se a Aleppo, a Edessa (Mesopotâmia) ou à capital da Normandia.
3. *O rei de Dobra, Estela, Luna-Pampa*: Arnaut alude ao rei da cidade de Dover, i. é, da Inglaterra, e ao rei de Navarra (Sancho VI), senhor de Estela e Pamplona *(Luna-Pampa)*.

Los deschauzitz
ab las lengas esmoutas
non dupt' ieu jes, si·l seignor dels Galecs
an fag faillir, per qu'es dreitz si·l blasmam,
que son paren pres romieu, so sabem,
Raimon lo filh al comte, et aprendi
que greu fara·l reis Ferrans de pretz cobra
si mantenen no·l solv e no·l escampa.

Eu l'agra vist, mas estiei per tal obra,
c'al coronar fui del bon rei d'Estampa.

Vilões malditos
e más línguas obscuras,
não temo, mas direi bem claro agora
que o rei galego[4] perde o seu renome
por ter preso ao romeiro, assim se clama,
Raimon, filho do conde, crime horrendo.
Dom Fernando o bom nome não recobra
se o não liberta e consente que rume.

Queria vê-lo e chama-me outra obra:
o rei de Estampa,[5] que a coroa assume

---

4. *O rei galego*: obscura alusão histórica. O rei galego seria Fernando II, de Leão e da Galiza (1157-1188). Raimon poderia ser Raimon de Berenguer III de Provença, ou Raimon de Tolosa (futuro Raimon V), que, segundo o texto, teria sido aprisionado por Dom Fernando, não se conhecendo, porém, outro registro desse fato.
5. *O rei de Estampa*: Etampes (Estampa) pertencia aos domínios do rei da França, daí se concluindo que o trovador se refere à coroação de Filipe Augusto, em 28 de maio de 1180.

XIII

Er vei vermeills, vertz, blaus, blancs, gruocs

Er vei vermeills, vertz, blaus, blancs, gruocs
vergiers, plans, plais, tertres e vaus,
e·il votz dels auzels sona e tint
ab doutz acort maitin e tart.
So·m met en cor qu'ieu colore mon chan
d'un'aital flor don lo fruitz sia amors,
e jois lo grans, e l'olors d'enoi gandres.

D'amor mi pren penssan lo fuocs
e·l desiriers doutz e coraus;
e·l mals es saboros qu'ieu sint
e·il flama soaus on plus m'art:
c'Amors enquier los sieus d'aital semblan,
verais, francs, fis, merceians, parcedors,
car a sa cort notz orguoills e val blandres.

Mas mi non camja temps ni luocs,
cosseils, aizina, bes ni maus;
e s'ieu al meu enten vos mint,
jamais la bella no m'esgart
qu'el cor e·l sen tenc dormen e veillan;
qu'eu non vuoill jes quan pens sas grans valors,
valer ses lieis on plus valc Alixandres.

XIII

Vermelho e verde e branco e blau

   Vermelho e verde e branco e blau,
   vergel, vau, monte e vale eu vejo,
   a voz das aves voa e soa
   em doce acordo, dia e tarde;
então meu ser quer que eu colora o canto
de uma flor cujo fruto seja amor,
grão, alegria, e olor de noigandres.[1]

   Amor me leva em sua nau
   e põe seu fogo em meu desejo,
   mas tal viagem, sei que é boa,
   e a flama é suave, onde mais arde;
que Amor requer de mim que eu seja tanto:
franco, veraz, fiel e cumpridor,
e em sua corte um rei não vale um flandres.

   Tempo e lugar, ou bom ou mau,
   não mudam a alma do que almejo
   e se meu canto a atraiçoa
   jamais a bela me ame e guarde,
que, de alma e corpo, enfermo ou são, eu canto,
pois não quero, se penso em seu valor,
valer, sem ela, as glórias de Alexandres.[2]

---

1. *Noigandres*: uso, para efeito de rima, esta variante misteriosa, tal como aparece em Canello. Emil Levy decompôs a palavra em duas: *enoi* (tédio, próximo do francês *ennui*) e *gandres* (do verbo *gandir*, proteger). Um olor que protege do tédio. A lição foi adotada no texto em provençal, ao lado.
2. *Alexandres*: alusão a Alexandre, o Grande, da Macedônia, cuja fama era bastante difundida na Idade Média.

Mout desir qu'enquer li fos cuocs
e m'avengues aitals jornaus,
qu'ie'n viuria ben d'anz plus vint,
tant me te·l cor baut e gaillart.
Vai! Ben sui fols! E que vauc doncs cercan?
Qu'ieu non vuoill jes, (mas per geing treu aillors),
baillir l'aver que clau Tigre e Meandres.

Maintas vetz m'es solatz enuocs
ses liei, car de liei vuoill sivaus
ades dir lo cart mot o·l quint,
que·l cor non vir vas autra part:
qu'ieu non ai d'als desirier ni talan,
per so qu'il es dels bos sabers sabors,
e vei l'el cor s'era en Poilla o en Flandres.

En autres faitz soven feing juocs,
e·l jorns sembla·m us anoaus;
e pesa·m car Dieus no·m cossint
com pogues temps breujar ab art,
que lonc respieich fant languir fin aman.
Luna e soleills, trop faitz loncs vostres cors!
Pesa·m cal plus sovens no·us faill resplandres.

A lieis cui son, vai, chanssos, derenan,
c'Arnautz non sap comtar sas grans ricors,
que d'aussor sen li auria ops espandres.

Quisera ser seu mel, seu sal
e cozinhar seu pão, sem pejo:
anos, ao pé de tal patroa,
eu viveria, sem alarde.
Sim, sou louco! que busco em outro canto?
Que eu não quero – só finjo – outro favor,
nem tesouros do Tigre e do Meandres.[3]

Mesmo o prazer me sabe mal
sem ela, pois sempre a revejo
e sua voz, dentro, ressoa
no coração, por mais que o guarde,
que eu não tenho outro fim nem outro encanto
e cabe a mim saber o seu sabor,
quer ela esteja em Puglia[4] ou em Flandres.[5]

Jogo ou lazer, é tudo igual.
Num dia um ano eu antevejo.
Dói-me que Deus não se condoa
e empurre o tempo, esse covarde,
que enlanguece os amantes de quebranto.
A lua e o sol, que cessem seu fulgor!
Dói-me segui-los em seus cursos grandes.

À que me tem, canção, vai com espanto,
pois para ser Arnaut, o trovador
tem que encontrar mais rimas que há em andres.[6]

---

3. *Tigre, Meandres*: Tigre e Meandro, os célebres rios da Mesopotâmia e da Anatólia ocidental.
4. *Puglia*: Apúlia, região da Itália.
5. *Flandres*: região ocupando parte da França e da Bélgica.
6. *Andres*: nestas linhas finais, afasto-me do original, homenageando o insuperável rimador, à maneira de Bertran de Born. Este, em *No puosc mudar un chantar non esparja*, que adota o esquema estrófico e rímico da canção XVII de Arnaut (*Si·m fos Amors de joi donar tan larga*), com seis estrofes e uma tornada, incapaz de completar mais do que cinco, exclama na sua tornada final: "di·m a·N Rotgier et a totz sos parens / qu'ieu no trop mais omba ni om ni esta" (diga a Rogier e a todos os seus parentes / que eu não encontro mais "omba" nem "om" nem "esta").

XIV

Amors e jois e liocs e tems

Amors e jois e liocs e tems
mi fan tornar lo sen e derc
d'aquel noi c'avia l'autr'an
can cassava·l lebr' ab lo bou;
era·m vai mieltz d'amor e pieis,
car ben am, d'aiso·m nom "astrucs",
ma non amatz joi gau en cers,
s'Amors no vens son dur cor e·l mieus precs.

Cel que totz bes pert a ensems
mestiers l'es que ric segnor cerc
per restaurar la perda e·l dan,
que·l paubres no·il valria un uou;
per so m'ai ieu causit e lieis,
don non aic lo cor ni·ls uoills clucs;
e pliu·t, Amors, si la·m conquers,
trevas totz temps ab totas, fors dels decs.

Pauc pot hom valer de joi sems:
per me·l sai que l'ai agut berc,
car per un sobrefais d'afan
don la dolor del cor no·s mou;
e s'ab joi l'ira no·m for eis
tost m'auran mieis paren faducs;
pero tals a mon cor convers
qu'en liei amar volgra murir senecs.

Non sai un tan sia e Dieu frems,
ermita ni monge ni clerc,
cum ieu sui e leis de cui can,
et er proat ans de l'annou.
Liges so i sieus mieltz que demieis:
si·m for' ieu si fos reis o ducs;
tant es e lieis mos cors esmers
que s'autra'n voil ni'n deing, donc si'eu secs!

XIV

Amor, prazer, tempo e lugar

    Amor, prazer, tempo e lugar
    devolvem senso e sanidade
    ao louco que num outro ano
    pôs-se a caçar lebre com boi;
    o Amor não vai nem mal nem bem;
    se a amo, chamo-me "ventura",
    mas, não amado, me desterro
até vencer seu coração, rochedo.

    Quem perdeu tudo, vai buscar
    os dons da mais rica amizade
    que o recompensem do seu dano;
    o pobre nada tem que doe;
    à minha dama assim, também,
    coração e olhos pedem cura
    mas se ela cede, já não erro,
trégua de amor a todas eu concedo.

    Sem alegria é vão amar:
    sei bem, que a minha já se evade;
    em sobressalto, insone e insano,
    dentro de mim o Amor me rói
    e se lá dentro se detém
    me leva ao sumo da loucura,
    mas a ela tanto me aferro
que envelheço de amor e a amo sem medo.

    Ninguém ergueu tão alto altar,
    nem eremita, monge ou frade,
    como eu a ela, mais que humano;
    posso provar, Deus me perdoe:
    amo-a mais que a mim mesmo e nem
    que fora rei ou duque ou cura
    eu a amaria menos. Cerro.
Por seu amor até meus olhos cedo.

D'aiso c'ai tant duptat e crems
creis ades e meillur e·m derc,
qu' el reproers c'auzi antan
me dis que tant trona tro plou;
e s' ieu mi pec cinc ans o sieis,
ben leu, can sera blancs mos sucs,
gausirai so per qu'er sui sers,
c' aman preian s'afranca cors ufecs.

De luencs suspirs e de grieus gems
mi pot trair cella cui m'aerc
c'ades sol per un bel semblan
n'ai mogut mon chantar tot nou.
Contra mon vauc e no m'encreis,
car gent mi fai pensar mos cucs.
Cor, vai sus: ben sai, si·t suffers,
sec tant qu'en lieis, c'ai encubit, no·t pecs.

Ans er plus vils aurs non es fers
c'Arnautz desam lieis ont es fermanz necs.

De tanto aspirar e esperar
crescem-me o ânimo e a vontade;
diz o ditado, soberano:
"há de chover, depois que troe";
e em cinco ou seis anos, ou cem,
já branca então minha figura,
juro que a vida não encerro
sem a amar, que a paixão dobra o penedo.

Gemo e suspiro e corto o ar
com a dor do amor que me invade,
mas, ao vê-la, o meu doce engano
nova canção faz que eu entoe.
Vou contra monte e vou além,
mas nenhuma dor me tortura.
Anda, coração, que eu não erro
e a nossa sede há de morrer mais cedo.

O ouro será mais vil que o ferro
antes que Arnaut desame o seu segredo.

XV

Sols sui qui sai lo sobrafan que·m sortz

Sols sui qui sai lo sobrafan que·m sortz
al cor, d'amor sofren per sobramar,
car mos volers es tant ferms et entiers
c'anc no s'esduis de celliei ni s'estors
cui encubic al prim vezer e puois;
c'ades ses lieis dic a lieis cochos motz,
puois quan la vei non sai, tant l'ai, que dire.

D'autras vezer sui secs e d'auzir sortz,
qu'en sola lieis vei et aug et esgar;
e jes d'aisso no·ill sui fals plazentiers
que mais la vol non ditz la boca·l cors;
qu'ieu no vau tant chams, vautz ni plans ni puois
qu'en un sol cors trob aissi bos aips totz:
qu'en lieis los volc Dieus triar et assire.

Ben ai estat a maintas bonas cortz
mas sai ab lieis trob pro mais que lauzar:
mesura e sen et autres bos mestiers,
beutat, joven, bos faitz e bels demors,
gen l'enseignet Cortesia e la duois;
tant a de si totz faitz desplazens rotz
de lieis no cre rens de ben sia a dire.

Nuills gauzimens no·m fora breus ni cortz
de lieis, cui prec qu'o vuoilla devinar,
que ja per mi non o sabra estiers
si·l cors ses digz no·s presenta de fors;
que jes Rozers, per aiga que l'engrois,
non a tal briu c'al cor plus larga dotz
no·m fassa estanc d'amor, quan la remire.

XV

Somente eu sei sentir o sobrafã que sente

Somente eu sei sentir o sobrafã que sente
o coração de amor sofrente a sobramar,
pois meu desejo é tão sincero e tão certeiro
que nela se fixou e não se vai embora
desde a primeira vez que a vi com esta vista;
de longe a sei chamar com frases sensuais,
mas perto, é tanto o amor, que eu perco a voz e a vez.

Surdo e cego às demais, eu vivo aqui, somente
para ouvir sua voz e olhar seu olhar;
dela não falo bem para ser lisonjeiro,
que à fala falta cor e o som se descolora
sem conseguir louvar o que a paixão avista:
montes, vales ou rios, nada me satisfaz,
pois nela a perfeição de tudo se perfez.

Cortes já frequentei, conheci muita gente,
mas nela há sempre mais valor para louvar:
beleza juvenil em rosto sobranceiro,
gentileza a altivez, tudo aí se aprimora;
a Cortesia, enfim, esgotou sua lista
e tanto a desproveu do que nos desapraz
que é difícil dizer onde ela é mais cortês.

Eis a mulher melhor que não me sai da mente,
mas rogo a ela que me saiba decifrar:
por mim não saberá de quem sou prisioneiro,
a menos que me traia o amor que me devora,
pois nem o Reno e nem toda a água que exista,
nem a reunião de todos os caudais
estancarão o ardor que em meu peito se fez.

Jois e solatz d'autra·m par fals e bortz,
c'una de pretz ab lieis no·is pot egar,
que·l sieus solatz es dels autres sobriers.
Ai! si no l'ai, las! tant mal m'a comors!
Pero l'afans m'es deportz, ris e jois,
car en pensan sui de lieis lecs e glotz:
ai Dieus, si ja'n serai estiers gauzire!

Anc mais, so·us pliu, no·m plac tant treps ni bortz
ni res al cor tant de joi no·m poc dar
cum fetz aquel, don anc feinz lausengiers
no s'esbrugic, qu'a mi sol so·s tresors.
Dic trop? Eu non, sol lieis non sia enois.
Bella, per Dieu, lo parlar e la votz
vuoill perdre, enans que diga ren que·us tire.

Ma chanssos prec que no·us sia enois,
car si voletz grazir lo son e·ls motz
pauc preza Arnautz cui que plassa o que tire.

Quem noutras proclamar maior beleza mente
porque nenhuma só se pode comparar
a essa cujo valor eu tenho por primeiro;
e se o amor arde ou rói onde a memória mora,
a dor já não me dói e o mal não me contrista,
pois só de a recordar meu ser encontra paz:
que seria de mim sem essa insensatez?

Nenhum jogo ou prazer meu corpo se consente,
nenhum torneio, esporte ou arte posso amar
se a ela não tenho, mas não há no mundo inteiro
quem tenha esse tesouro que eu possuo agora.
Falei demais? Por Deus, não quero ser artista,
quero perder a fala e a voz nem quero mais,
Bela, se o meu cantar vos ofendeu talvez.

Que esta canção de amor por vós seja benquista,
pois se a palavra e o som não me desaprovais,
pouco interessa a Arnaut se apraz a dois ou três.

XVI

Ans que·l cim reston de branchas

  Ans que·l cim reston de branchas
  sec, ni despoillat de fuoilla,
  farai, c'Amors m'o comanda,
  breu chansson de razon loigna,
que gen m'a duoich de las artz de s'escola;
tant sai que·l cors fatz restar de suberna
e mos bous es pro plus correns que lebres.

  Ab razos coindas e franchas
  m'a mandat qu'ieu no m'en tuoilla
  ni autra·n serva ni·n blanda
  puois tant fai c'ab si m'acoigna;
e·m di que flors no·il semble de viola,
qui·s camja leu, sitot nonca s'iverna,
anz per s'amor sia laurs o genebres.

  Ditz: "Tu c'aillors non t'estanchas
  per altra qui·t deing ni·t vuoilla,
  totz plaitz esquiva e desmanda,
  sai e lai qui que·t somoigna;
que ses clam faill qui se meteus afola,
e tu no far failla don hom t'esquerna,
mas apres Dieu lieis honors e celebres".

XVI

Antes que o sol caia e em brancas

      Antes que o sol caia e em brancas
      as verdes folhas transmude,
      farei, que Amor me comanda,
      canção breve em longo alento,
pois me ensinou a arte e sua escola,
que eu corto o curso da maré superna
e faço boi correr mais do que lebre.

      Com razões boas e francas
      determinou que eu não mude
      nem outra sirva, mais branda,
      por mais que me açule o vento,
e que eu não seja flor que se estiola
e muda tanto que nunca se inverna,
mas sempreviva ou laura[1] que não quebre.

      E diz: – Vê se agora estancas
      o ardor de amar amiúde
      quem te quer ou te demanda,
      sê mais duro que cimento,
pois quem se ilude não merece esmola
e a gente ri daquele que se inferna.
Que a ela só, e a Deus, teu ser celebre.

---

1. *Laura*: louro ou loureiro; traduzo por *laura* para preservar o trocadilho com o nome feminino (v. canções IX e X).

E: "Tu, coartz, non t'afranchas
per respieich c'amar no·t vuoilla;
sec, s'il te fuig ni·t fai ganda,
que greu er c'om no·i apoigna
qui s'afortis de preiar e no cola,
qu'en passara part las palutz d'Userna
com peregrins o lai jos on cor Ebres".

S'ieu n'ai passatz pons ni planchas
per lieis, cuidatz qu'ieu m'en duoilla?
Non eu, c'ab joi ses vianda
m'en sap far meizina coigna,
baisan tenen; e·l cors, sitot si vola,
no·is part de lieis que·l capdella e·l governa.
Cors, on qu'ieu an, de lieis no·t loinz ni·t sebres!

De part Nil entro c'a Sanchas
gensser no·is viest ni·s despuoilla,
car sa beutatz es tan granda
que semblaria·us messoigna.
Be·m vai d'amor, qu'ela·m baisa e m'acola,
e no·m frezitz freitz ni gels ni buerna,
ni·m fai dolor mals ni gota ni febres.

Sieus es Arnautz del cim tro en la sola,
e senes lieis no vol aver Lucerna
ni·l senhoriu del renc per on cor Ebres.

Mais: – És frouxo se não trancas
teu coração como açude.
Segue-a, se ela para ou anda,
que é bem próximo do intento
o que ama e ora e ao seu amor se cola
e passa pelos lamaçais de Userna,[2]
peregrino, ou lá onde corre o Ebre.[3]

Se eu passei rios e barrancas,
não me faltará virtude.
Ela, sem outra vianda,
me porá são num momento
com seu beijo. E se o coração se evola,
tem sempre perto aquela que o governa
e sempre a quer, seja em casa ou casebre.

Desde o Nilo às Terras Francas,
quer se vista ou se desnude,
nenhuma outra me abranda,
que a todas sou desatento.
Mas quando ela me beija e me consola
o frio não corta, a dor não me prosterna
e já não sei de gota nem de febre.

Arnaut é seu, do crânio até a sola,
e sem ela não quer haver Lucerna[4]
nem imperar lá onde corre o Ebre.

---

2. *Userna*: a romana *Ugernum*, hoje Beaucaire (Departamento de Gard, sul da França), situada outrora em região de lodaçais.
3. *Ebre*: Ebro, rio da Espanha, provavelmente associado pelo trovador às peregrinações a Compostela e, mais adiante, no último verso, ao reino de Aragão.
4. *Lucerna*: cidade da Espanha, já referida na Canção X. A atual Lucena, Província de Valência. Segundo Lavaud, os dois últimos versos significam que o poeta desprezaria, por sua amada, Valência e Aragão, que constituíam então reinados distintos. Tanto esta canção quanto as de n. IX e X teriam sido inspiradas por uma aragonesa, de nome Laura, conforme esclarece Toja, baseado em Diez e Canello.

XVII

Si·m fos Amors de joi donar tant larga

Si·m fos Amors de joi donar tant larga
cum ieu vas lieis d'aver fin cor e franc,
ja per gran ben no·m calgra far embarc,
qu'er am tant aut que·l pes mi poia e·m tomba,
mas quand m'albir cum es de pretz al som
mout m'en am mais car anc l'ausiei voler,
c'aras sai ieu que mos cors e mos sens
mi farant far, lor grat, rica conquesta.

Pero s'ieu fatz lonc esper, no m'embarga,
qu'en tant ric luoc me sui mes e m'estanc
c'ab sos bels digz mi tengra de joi larc
e segrai tant qu'om mi port a la tomba,
qu'ieu non sui jes cel que lais aur per plom;
e pois en lieis no·s taing c'om ren esmer,
tant li serai fis e obediens
tro de s'amor, si·l platz, baisan m'envesta.

Us bons respieitz mi reven e·m descarga
d'un doutz desir don mi dolon li flanc,
car en patz prenc l'afan e·l sofr' e·l parc
pois de beutat son las autras en comba,
que la gensser par c'aia pres un tom
plus bas de liei, qui la ve, et es ver;
que tuig bon aip, pretz e sabers e sens
reingnon ab liei, c'us non es meins ni·n resta.

E pois tan val, no·us cujetz que s'esparga
mos ferms volers ni que·is forc ni que·is branc,
car no serai sieus ni mieus si m'en parc,
per cel Seignor que·is mostret en colomba,
qu'el mon non ha home de negun nom
tant desires gran benanansa aver
cum ieu fatz lieis, e tenc a noncalens
los enoios cui dans d'Amor es festa.

XVII

Se Amor me desse uma porção tão larga

Se Amor me desse uma porção tão larga
como a que eu dou do meu coração franco,
eu não teria que pedir-lhe embarque.
Amo tão alto que o pensar me tomba,
mas quando penso nela não sucumbo
e amo a mim mesmo porque a ousei querer
e por saber que de alma e corpo e mente
farei rica conquista como esta.

Porém a longa espera não me embarga,
que em tão rico lugar me quedo e estanco.
Seus dons me dão tal ânsia de a adorar que
a sigo até o fim, sem zanga ou zomba,
pois não sou de trocar ouro por chumbo,
e como nada tenho a lhe acrescer
proponho ser fiel e obediente
enquanto com seu beijo não me testa.

Um pensamento bom me desencarga
de um doce ardor que dói de flanco a flanco
e não há dor ou mal com que eu não arque
em paz, pois as demais ficam em sombra
junto dela e a mais bela, sem retumbo,
tomba ainda mais abaixo a quem quer ver,
que amor, honor, valor, saber somente
residem nela e nada que não presta.

Porque eu a sei tão alta, não me larga
o firme intento de que não me arranco,
pois não vejo lugar que não a abarque;
pelo Senhor que se mostrou em pomba,
juro que nem um homem só vislumbro
que uma fortuna assim quisesse ter
como eu a ela, dando ao demo o dente
dos invejosos a que o Amor molesta.

Na Mieills-de-ben, ja no·m siatz avarga,
qu'en vostr'amor me trobaretz tot blanc,
qu'ieu non ai cor ni poder que·m descarc
del ferm voler que non es de retomba;
que quand m'esveill ni clau los huoills de som
a vos m'autrei, quan leu ni vau jazer;
e no·us cujetz que·is merme mos talens,
non fara jes, qu'ara·l sent en la testa.

Fals lausengier, fuocs las lengas vos arga,
e que perdatz ams los huoills de mal cranc,
que per vos son estraich cavail e marc:
amor toletz, c'ab pauc del tot non tomba;
confonda·us Dieus que ja non sapchatz com,
que·us fatz als drutz maldire e viltener;
malastres es que·us ten, desconoissens,
que peior etz, qui plus vos amonesta.

Arnautz a faitz e fara loncs atens,
qu'atenden fai pros hom rica conquesta.

Mieills-de-ben,* não me dês poção amarga,
por teu amor me vejo puro e branco,
que eu não tenho poder que me desmarque
do firme intento que nunca retomba,
pois meus olhos, se acordo ou se recumbo,
nos teus ponho, ou os vendo ou sem os ver,
e não creias que dorme o ardor pungente,
que ainda o sinto pulsando em minha testa.

Que Deus abrase a língua, que me amarga,
do falador, seus olhos coma em cancro,
e aos que negam cavalo e marco, marque.
Com sua trama o Amor já quase tomba.
Que se confundam no seu próprio zumbo,
malditos pelo amor de maldizer!
A má sorte os mantém, perdida gente,
tanto mais vil quanto mais se admoesta.

Arnaut atende à hora, atentamente,
e à mais rica conquista já se apresta.

---

* *Mieills-de-ben*: "Melhor-que-bem". É o *senhal* que oculta a mulher a quem a canção se dirige, a mesma a que Arnaut se refere na estrofe final da Canção VII (v. texto original).

XVIII

Lo ferm voler qu'el cor m'intra

Lo ferm voler qu'el cor m'intra
no·m pot jes becs escoissendre ni ongla
de lausengier, qui pert per mal dir s'arma;
e car non l'aus batr'ab ram ni ab verga,
sivals a frau, lai on non aurai oncle,
jauzirai joi, en vergier o dinz cambra.

Quan mi soven de la cambra
on a mon dan sai que nuills hom non intra
anz me son tuich plus que fraire ni oncle,
non ai membre no·m fremisca, neis l'ongla,
aissi cum fai l'enfas denant la verga:
tal paor ai no·l sia trop de l'arma.

Del cors li fos, non de l'arma,
e cossentis m'a celat dinz sa cambra!
Que plus mi nafra·l cor que colps de verga
car lo sieus sers lai on ill es non intra;
totz temps serai ab lieis cum carns et ongla,
e non creirai chastic d'amic ni d'oncle.

Anc la seror de mon oncle
non amei plus ni tant, per aquest'arma!
C'aitant vezis cum es lo detz de l'ongla,
s'a liei plagues, volgr'esser de sa cambra;
de mi pot far l'amors qu'inz el cor m'intra
mieills a son vol c'om fortz de frevol verga.

Pois flori la seca verga
ni d'en Adam mogron nebot ni oncle,
tant fina amors cum cella qu'el cor m'intra
non cuig fos anc en cors, ni eis en arma;
on qu'ill estei, fors en plaza, o dinz cambra,
mos cors no·is part de lieis tant cum ten l'ongla.

XVIII

O firme intento que em mim entra

O firme intento que em mim entra
língua não pode estraçalhar, nem unha
de falador, que fala e perde a alma;
e se não lhe sei dar com ramo ou verga,
lá onde ninguém pode conter meu sonho,
irei fruí-lo em vergel ou em câmara.

Quando me lembro de sua câmara
onde eu bem sei que nenhum homem entra,
por mais que irmão ou tio danem meu sonho,
eu tremo – membro a membro – até a unha,
como faz um menino em frente à verga:
tanto é o temor de que me falte a alma.

Antes meu corpo, e não minha alma,
consentisse acolher em sua câmara!
Fere-me o corpo mais do que uma verga,
que onde ela está nem o seu servo entra;
com ela eu estaria em carne e unha,
sem castigo de amigo ou tio, nem sonho.

À irmã do meu tio nem por sonho
eu não amei assim com tanta alma!
Vizinho como o dedo de uma unha,
se ela quiser, serei de sua câmara:
a mim o amor que no meu corpo entra
faz como um homem forte a frágil verga.

Desde que há flor na seca verga[1]
e Adão deu neto ou tio, não houve sonho
de amor tão grande como o que me entra
no coração, no corpo e até na alma;
onde quer que ela esteja, em praça ou câmara,
a ela estou unido como à unha.

1. *Verga*: alusão trocadilhesca à Virgem Maria (com perífrase ao nascimento de Cristo – a flor que nasceu da seca verga).

C'aissi s'empren e s'enongla
mos cors en lei cum l'escorssa en la verga;
qu'ill m'es de joi tors e palaitz e cambra,
e non am tant fraire, paren ni oncle:
qu'en paradis n'aura doble joi m'arma,
si ja nuills hom per ben amar lai intra.

Arnautz tramet sa chansson d'ongla e d'oncle,
a grat de lieis que de sa verg'a l'arma,
son Desirat,[2] cui pretz en cambra intra.

---

2. *Desirat*: "Desejado", pseudônimo designando a mulher amada ou, talvez, um confidente (o trovador Bertran de Born, segundo a hipótese de Lavaud).

É assim que se entranha e se enunha
nela este anelo como casca em verga;
o amor me faz palácio, torre e câmara,
e a irmão, pai, tio desdenho no meu sonho;
ao paraíso em riso irá minha alma
se lá por bem amar um homem entra.

Arnaut tramou seu canto de unha e sonho
só por aquela que lhe verga a alma
de amante que, só mente, em câmara entra.

A métrica das estrofes desta canção é 7 + 10 + 10 + 10 + 10 + 10 (versos graves, i. é, terminados em paroxítona). Na minha versão utilizei octossílabos nas linhas iniciais, para preservar valores poéticos do original, como aquele "seca verga", intra-assonante. Ofereço agora variantes para as primeiras linhas, reduzindo-as de uma sílaba, para que a tradução possa equivaler estritamente ao original, quanto ao ritmo, e nesse caso melhor adaptar-se ao canto, sendo este um dos dois únicos poemas de que sobreviveu a melodia de Arnaut:

1.ª estrofe: O firme intento que me entra
2.ª estrofe: Quando me lembro da câmara
3.ª estrofe: Antes meu corpo, e não a alma,
4.ª estrofe: À irmã do tio nem por sonho
5.ª estrofe: Desde que a flor deu em verga
6.ª estrofe: Assim se entranha e se enunha

Arnaut ou Raimbaut?

Em sua edição crítica *The Poetry of Arnaut Daniel*, James J. Wilhelm inclui como 19.ª a canção "Entre·l Taur e·l doble signe", encontrada em dois manuscritos da Bibliothèque Nationale (Paris), indicando como fonte básica de transcrição o estudo de J. H. Marshall *La Chanson Provençale "Entre·l taur e·l doble signe" – Une dix-neuvième chanson d'A.D.?*, publicado na revista *Romania* (1969). Ressalva que nenhum dos três maiores editores (Canello, Lavaud e Toja) atribui este poema a Arnaut e que Toja, que teve acesso à edição dele em *Romania* (1942-43), sequer o considerou. Mas, no entender de Wilhelm, Marshall defende com bons argumentos a autoria de Arnaut, pois o gramático catalão Raimond Vidal, a quem um dos manuscritos atribui o poema, não demonstra a mesma vitalidade em suas outras obras. Segundo Wilhelm, desde a originalíssima abertura astrológica até o "s'avil" que ecoa o "vil" da 9.ª linha da primeira estrofe, pode-se dizer que o poema traz a marca de Arnaut. Mas ele admite que outro autor muito plausível poderia ser Raimbaut d'Aurenga, lembrando a "canção da carriça", a n. I na edição de Pattison (*Cars, doutz e fenhz del bederesc*). "Grande parte do poema é um ataque ao vulgar", observa Wilhelm em outro passo, o que calha bem tanto a Arnaut como a Raimbaut. De minha parte, assinalo que a palavra-rima "arma" (aqui sempre em flexão verbal, "s'arma"), repetida em todas as estrofes, é basicamente a mesma alternada na Sextina, e que o verso "no'm romprion sol un fil" (última linha da 5.ª estrofe) é muito próximo do "que men posca falsar un fil", que termina a 4.ª estrofe da canção IV de Arnaut. Por outro lado, há também alguma semelhança com a canção *Pois tal sabers*, de Raimbaut, onde a palavra-rima "lenga" perpassa por todas as estrofes, sempre no mesmo verso, tal como "s'arma". Na dúvida, não ouso incluir o poema no cânon arnaldiano, mas acho que ele fica bem entre Arnaut e Raimbaut. Ao traduzi-lo tive presente a observação de Wilhelm quanto ao eco de "vil" e arranjei um jeito de introjetar a palavra na linha final ("avilte") e terminar o poema com a sua ressonância na palavra "covil". Já aquele "som sutil", que aparece na penúltima linha da primeira estrofe, é mais uma homenagem a Ezra Pound (Canto XX): "Som sutil, quase tinnula...".

Entre·l Taur e·l doble signe

Entre·l Taur e·l doble signe
don doutz tems nais e·l freitz secha,
per que·l clars critz d·auzels s'arma
justa·lz prims cims e·ls vertz brancs,
ai el cor un joi don fermi
jausenz motz clars, cars, e certz,
e faz forz'z alz plus aperz,
ab un prim, car sen sotil
sso qu'eu tenc en chantan vil.

C'ai vist un cors clar e digne
d'aver pretz, on Jois s'esplecha,
vau e vaill arditz, e s'arma
mos chantars ab gais motz francs;
per qu'aissi part tortz m'afermi
de chantar e d'amar certz;
e·ls belz ditz doutz, durs, cubertz
junh e las e d'aur compil,
milz d'invern c'autre d'abril.

E pel doutz tems baut, benigne,
blandis si mos chans sa flecha
c'a pauc focs no·n sall, can s'arma,
per issir d'entre·lz dos flancs;
e no·us cugetz que·m n'amermi,
qu'ieu no vey fol; ans sui sertz
c'ades creis al cor sufertz,
e·m sent ferms d'un tal fozil
don totz jorns mon sen afil.

Em meio ao Touro e ao duplo signo*

Em meio ao Touro e ao duplo signo,
quando o sol sobe e seca o frio
e o claro som das aves se arma,
em altos topos, verde rama,
de coração alegre firmo
meu canto claro, caro, certo,
e falo a quem é mais aberto
com puro, raro som sutil
o que ao cantar tenho por vil.

Pois vi um corpo claro e digno
que ao esplendor todo se abriu
e eu ando e ardo e assim se arma
a canção da palavra em chama,
que dentre tantas mais afirmo
neste cantar que é de amar certo;
doce dizer, duro e coberto,
que laço e enlaço a ouro fabril
melhor no inverno que em abril.

E nesse ar brando e benigno
a flecha do meu canto envio,
que mesmo o fogo quando se arma
entre os dois flancos não se inflama
tanto, e não pensem que me infirmo,
enfermo, pois meu alvo é certo;
se sou paciente, é por esperto,
e dia a dia mais confio
e mais afio o meu buril.

---

* Touro e Gêmeos (fim de abril a fim de junho), na interpretação de Wilhelm. Touro e Peixes (de abril a fevereiro), segundo Marshall.

E no tem truan maligne
ni fals ditz don malvais lecha,
semblanz humils, cor[s] e s'arma;
per que·m do, jauszens, estancs
lai on dreitz tenc e confermi;
mos desirs fatz francs e certz,
car, malgrat delz crois cullvertz,
ai trobat un cors gentil,
on ma greu dolor apil.

Huimais crit e mal assigne,
bat e fer a la man drecha
cel que fel contra me s'arma
per mos ditz a far blasmancs,
devinan per que·m deffermi
ni com vau alz fals asertz;
car a tal me son ufertz,
qu'entre totz, neus s'eron mil,
no·m romprian sol un fil!

Dona, selh per cuy sen signe
son fait e maynt'obra drecha,
lai on fes fizel gen s'arma,
vos don en cor ans del frey
sanc [] per que·l joy fermi,
[e] tot cug esser ben sertz;
e fassa·m als croys dezertz –
en pretz paucs, ab malvat quil –
so don lurs poders s'avil.

E não temo o truão maligno,
a língua má a que lambe o ímpio
e a fala falsa com que se arma;
e assim suplanto alegre a trama,
e não me abalo e me confirmo
em meu desejo franco e certo;
malgrado o vil e o encoberto,
eu encontrei um ser gentil
por quem me alento e me alivio.

Agora eu clamo e me persigno,
e fero firo com meu brio
esse que contra mim se arma
e ao meu cantar pensa que infama,
para ver se assim desafirmo
o que afirmei, e o desconcerto:
a ela só todo me oferto,
e deste enredo mesmo mil
não romperiam nem um fio!

Dama, o alto ser em que consigno
os mil milagres que erigiu
lá onde a fé mais fina se arma,
vos dê um coração que ama
e pelo qual eu reafirmo
tudo o que tenho mais desperto;
ao vil lhe dê só o deserto –
que ele arda no seu próprio ardil
e mais se avilte em seu covil.

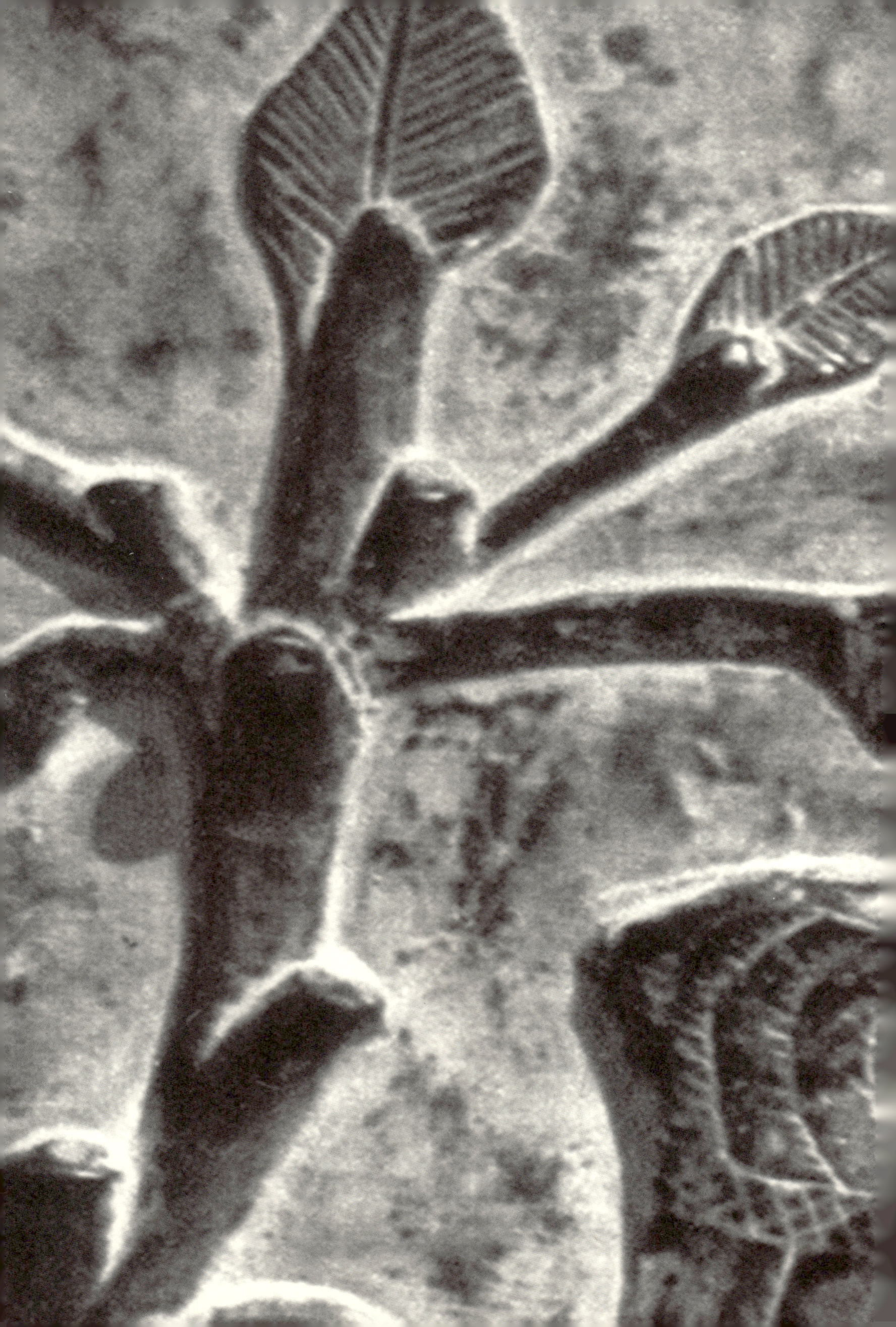

Adendo aos provençais

Crescini, Man. prov. Glos. „fuggire, svignare"; *baratar* deutet Stimming „gewinnen", Thomas „jouer; gagner au jeu", Crescini S. 252 „giocare". Die Bedeutung „spielen" ist für *baratar* m. W. durch keine andere Stelle erwiesen; die Bedeutung „gewinnen" soll nach Stimming noch B. de Born 31, 20 und 37, 19 vorliegen, aber an der letzten Stelle scheint sie mir durch den Zusammenhang ausgeschlossen, an der ersten übersetzt Diez, Leb. u. Wke. S. 183 „umsetzen", Bartsch Chr. Glos. „erlisten", während Appel Chr.³ Glos. mit richtiger Vorsicht die Bedeutung offen lässt.

Nebenform *gandre*:

> So m met en cor qu'ieu colore mon chan
> D'un' aital flor don lo fruitz sia amors,
> E jois lo grans e l'olors d'enoi *gandres*.
>
> Arn. Dan. XIII, 7.

Text *de noigandres*; R. III, 422, der *de notz gandres* liest, erschloss aus dieser Stelle fälschlich ein Adj. *gandres* „muscat". Vgl. Sternbeck S. 54 ff.

Gandre siehe *gandir* Schluss.

Gandren siehe *ganren*.

Gandres, R. III, 422 „muscat", ist zu streichen; s. *gandir* Schluss.

Gangalha „Knäuel"?

> Per .I. *gangalha* de fial de basta per cosir los paramens de la gleyza..
> VIII, d.
> Arch. cath. Carcas. S. 366 Z. 21.

Mistral *gangaio* „boucle ou tresse de cheveux"; *gangaioun* „noyau d'un peloton de fil".

Ganguil (R. III. 422 „gond"). An der einzigen Belegstelle, S. Hon. LXIX, 13, liest Sardou *ganquil*.

Ganguil „e. Art Schleppnetz".

> Nulla persona .. praesumat piscari cum illo rete vocato *ganquilo* in insulis marium Massiliae.
>
> Du Cange.

> De cetero in aliquo stagnorum praedictorum cum arte vocata *ganguil* nullus ausus erit piscari.
>
> Ibid.

Mistral *gàngui* „filet que l'on traine avec un bateau."

Ganhar siehe *gazanhar* Schluss.

Ganhart siehe *gaignart*.

Ganhon „Ferkel".

> E per porcs e troyas, no comptatz *ganhos*, si y eren, per pessa mealha.
> Per troya, am *ganhos* o senz *ganhos*, m^a.
>
> Cart. Limoges S. 161 Z. 15 u. S. 165 Z. 20.

Mistral *gagnoun* „cochon, en Limousin".

Ganiela?

> Se negus homs .. passa per lo pont deguna .. causa que deia pagar al pont e non pagava lo pontanier e s'en va, lo pontanier lo pot (Text poc) segre e far tornar .. entro sus lo pont davant l'us de la *ganiela*.
>
> Cost. pont Albi § 198 (Rv. 44, 513).

Dazu die Anmerkung: „Jolibois écrit *gamela*. Nous avons, quantité de fois, trouvé ce mot dans les comptes consulaires d'Albi, avec l'i nettement marqué. Nous devons avouer cependant que, souvent, il ne peut avoir, comme ici, le sens de bureau de péage. *Ganiela* est un mot générique qui doit désigner une sorte de maison de forme ou à destination particulière".

Mit *ganiela* weiss ich nichts anzufangen. Dürfte man etwa *gsujela* schreiben? Mistral hat neben *gàbi*.

13 Dicionário de Emil Levy com o verbete "enoi gandres".

ENTREVISTA[1]

NOIGANDRES: AFUGENTAR O TÉDIO

O que o fez retomar o trabalho de tradução da poesia provençal, que já havia resultado no material publicado em Verso Reverso Controverso?

A poesia provençal é uma velha paixão minha. Mas a sua tradução apresenta extraordinárias dificuldades. A começar pelos textos, pouco acessíveis. Só depois de muitos anos, depois mesmo de ter publicado *Verso Reverso Controverso*, em 1978, pude adquirir duas das principais edições críticas da obra de Arnaut Daniel – as de René Lavaud e G. L. Toja –, assim como a de Raimbaut d'Aurenga, organizada por Walter T. Pattison – e esta, eu a obtive graças a um amigo, em cópias xerográficas de uma biblioteca dos EUA. São edições esgotadas há muito, algumas reeditadas em fac-símile, raras e caras. E essas edições são indispensáveis porque – embora o provençal tenha analogias com o português – os textos dos séculos XII e XIII, reconstituídos no século passado e neste a partir de cópias manuscritas de origem italiana, languedociana, catalã ou francesa dos séculos XIII e XIV, se apresentam com muitas variantes e incorreções. A fixação e o entendimento desses textos necessita, pois, do complemento das notas e comentários dos especialistas. Casos há, mesmo, que parecem resistir às interpretações, ensejando apenas leituras conjecturais, como o da expressão NOIGANDRES, da canção XIII de Arnaut Daniel – um enigma filológico que Ezra Pound tematizou no Canto XX dos seus *Cantares* e que Décio Pignatari, Haroldo e eu tomamos, há 30 anos, como emblema de nossa poesia. Nos 14 manuscritos em que aparece, a palavra é grafada, na maioria, como *noigandres* ou *noi gandres*, mas também como *noi gñdes*, *noi gandros*, *noigrandes* ou *noi grandes*, *notz grandres*, *nuei gñdres*, *nul grandes* ou *nul grandres*, *nuo gaindres*, *nuoiz gandres* etc., segundo as leituras filológicas. E a reconstrução proposta pelo lexicógrafo Emil Levy não acolhe nenhuma dessas variantes: ele conclui que o texto correto seria

1. Concedida a Rodrigo Naves ("Folhetim", *Folha de S. Paulo*, 27 de março de 1983).

"l'olors d'*enoi gandres*", esclarecendo que o poeta alude a um olor que afugenta o tédio (*ennui*, em francês). Sobre o assunto há um estudo altamente esclarecedor, publicado na revista *Discurso* n. 8, de maio de 1978, da Faculdade de Filosofia, Letras e Ciências Humanas da USP: "O mistério da palavra 'noigandres' – resolvido?", do professor americano Alfred Hower.[2] A obtenção das edições críticas e da bibliografia especializada e o melhor conhecimento da música provençal foram, assim, decisivos para o meu retorno à tradução dos trovadores. Mas, acima de tudo, levou-me a retomar o trabalho o fascínio que desde muito tempo exerceu sobre mim a perfeição da pequena obra de Arnaut – apenas 18 canções chegaram até nós – modelo de *ostinato rigore* e da categoria de poetas que Pound privilegia como "inventores".

Por que razão a contribuição de Pound para a reavaliação da poesia de Arnaut Daniel é excluída das bibliografias de tantos estudiosos posteriores? Qual a especificidade da leitura e da recriação de Pound com respeito à poesia provençal?

A recuperação dos textos dos trovadores provençais constitui uma complexa tarefa de arqueologia literária, que começou no século passado com as antologias de Raynouard (1816-1821) e de Bartsch (1868) e estudos como *Leben und Werke der Troubadours*, de Diez (1829), e prossegue em nosso século. Se esses e outros estudiosos exercem um nobre ofício, de cunho mais propriamente científico, falta-lhes quase sempre a sensibilidade poética mais aguda, capaz de captar, para além das verificações de natureza estilística ou histórica, toda a riqueza expressiva dos textos e de inseri-los na circulação sanguínea da poesia de hoje. Isso foi o que fez o poeta Ezra Pound. Muito cedo, e muito antes que os estudiosos modernos da poesia provençal – já em 1909 faz conferências e publica os seus primeiros estudos sobre os trovadores e sobre Arnaut Daniel –, ele se apercebeu da significação e da

---

2. A interpretação de Levy (encontrável no vol. IV, 1904, do seu dicionário, sob a rubrica "gandir") corrigia a anterior, do provençalista francês Raynouard, que atribuíra a "noigandres" o significado de "noz-moscada", incongruente no contexto do poema. Hower busca conciliar as duas interpretações. Argumenta, em resumo, que a noz-moscada é por muitos considerada um afrodisíaco e que, na quarta estrofe, o trovador proclama que gostaria de ser o cozinheiro de sua amada. Considerando o gosto de Arnaut pelos trocadilhos e jogos de palavras, poder-se-ia vislumbrar um duplo sentido na enigmática palavra. *Se non é vero...*

modernidade dessa poesia e a explicitou de todas as maneiras – escrevendo ensaios, colaborando em transcrições musicais das canções trovadorescas, traduzindo-as, parafraseando-as, assumindo em seus próprios poemas a *persona* dos trovadores e, finalmente, incluindo-os como personagens e autores (através de citações) em seus monumentais *Cantares*. É possível dizer – sem nenhum exagero –, como Eliot o fez, ao afirmar que Pound era o inventor da poesia chinesa para o nosso tempo, que ele também *inventou* a poesia provençal para o leitor moderno. Enquanto isso, alheios à importância da participação dessa poesia nos desenvolvimentos da literatura da nossa época, os estudiosos continuam a discutir os problemas inesgotáveis da fixação e da interpretação dos textos. A exclusão de Pound (sempre de passagem, quando referido) se deve à falta de visão, ao preconceito e, provavelmente, ao ciúme que despertam as brilhantes e irreverentes intervenções do poeta americano na área reservada dos filólogos e arqueólogos literários. No caso de Arnaut Daniel, quando Pound iniciou seus estudos e traduções, só havia uma edição integral do *corpus* arnaldiano, a de Canello (1883); a de Lavaud – uma reedição crítica da anterior – é de 1910. Entre 1908 e 1910, Pound traduziu cerca de cinquenta canções provençais, publicando-as parcialmente, em *Personae* (1909), *Exultations* (1909) e *The Spirit of Romance* (1910). Mais tarde, em *Instigations* e em *Umbra*, ambos de 1920, ele reuniu as suas traduções de Arnaut, reportando-se, então, a Lavaud, embora continuasse a adotar os textos fixados por Canello, exceto no tocante a *noigandres* (ele aceita a interpretação de Levy, também acolhida pelo provençalista francês). Pound interveio, portanto meio século antes da edição crítica de G. L. Toja (1960), a melhor já organizada. Mais recentemente, em 1978, surgiu uma nova edição crítica – *Le Canzoni di Arnaut Daniel* – de autoria de Maurizio Peruggi, uma pretensiosíssima publicação de cerca de 1.400 páginas, em dois volumes, que se propõe superar as anteriores, especialmente a de Toja, no que toca à fixação dos textos e sua interpretação, sugerindo "reconstruções", para dizer o mínimo, especiosas e quase sempre infelizes do ponto de vista poético. Nesta edição, em que Arnaut Daniel é referido sempre sob a sigla "ADan", como se fosse uma fórmula química, EP naturalmente não é sequer mencionado...[3]

---

3. Ver *Nota complementar*.

Quais as particularidades da poesia provençal dos séculos XII e XIII, e em especial as de Arnaut Daniel e Raimbaut d'Aurenga, os poetas traduzidos em seu livro, em relação à produção poética da época?

A poesia dos trovadores provençais é, no desenvolvimento da cultura ocidental, um momento privilegiado – aquele em que se organizam e se fixam os caracteres básicos de uma linguagem que iria prevalecer por séculos, até a nossa época. Os trovadores, em conjunto, estabelecem um repertório de formas, em termos de estruturas estróficas, rímicas e rítmicas, ao lado de uma gama de estilos, que vão da lírica à satírica, ao *trobar leu* (a poesia leve ou ligeira) ao *trobar clus* (a poesia cerrada ou hermética) e ao *trobar ric* (a poesia culta, de organização complexa, vocábulos ricos ou raros), os quais irão determinar, em essência, as futuras expansões da poesia. E acima de tudo, conseguem um equilíbrio, entre poesia e música (*motz e·l son*) até hoje não superado. Por isso mesmo, Pound colocou a poesia provençal ao lado da grega, clássica, como modelo de *melopeia*, a música das palavras, um dos três gêneros em que se configuram os modos de fazer poesia (os outros seriam a *fanopeia*, poesia com ênfase nas imagens, e a *logopeia*, "a dança do intelecto entre as palavras"). Arnaut Daniel é o mais perfeito exemplo da *trobar ric*, de perto associado ao *trobar clus*, ou seja, da poesia-arte aliada à poesia-síntese. Nesse estilo ele teve um grande predecessor, Raimbaut d'Aurenga, que é por isso homenageado, no pórtico do meu livro, com duas traduções. Tais características criaram em torno de Arnaut a fama do poeta obscuro, ornamental e até insignificante apesar do apreço de Dante e de Petrarca, que o viram como a mais alta voz da poesia provençal. Foi Pound quem reassumiu o juízo crítico de Dante a propósito de Arnaut ("o melhor artífice da língua materna"), uma opinião que, como diz o poeta americano, esteve fora de moda por quinhentos anos, porque os poetas não foram capazes de ler provençal e os *scholars* nada entendem de poesia. Há outros trovadores extraordinários, como Bernard de Ventadorn, um poeta-músico de ouvido sensibilíssimo, autor não só de poemas mas de algumas das mais belas melodias de todos os tempos; Guilhem de Peitieu, o "mestre perfeito" das sátiras e eróticas; Marcabru, o epigramático misógino do *trobar clus*; Bertran de Born, poeta-guerreiro de imaginação e sonoridades berrantes. Mas Arnaut Daniel nos aparece como o mais ousado, o mais moderno, o que experimentou com formas menos convencionais e ousou as linguagens menos previstas – o protótipo do poeta-inventor, na classificação poundiana, configurando-se os demais como modelos de poetas-mestres, num momento privilegiado em que mestria e invenção frequentemente se davam as mãos.

O fato de estar relacionada à música conferia singularidade à poesia de Provença? Até que ponto vai a interdependência entre música e poesia?

Sem dúvida, esse é um aspecto que marca singularmente a poesia de Provença. Toda essa poesia era feita para ser cantada! Os manuscritos nos legaram um acervo de 2.542 composições de cerca de 350 poetas. Em alguns dos cancioneiros, os textos vêm acompanhados de notação musical – uma notação incompleta, mas suficiente para identificar a linha melódica de dez por cento das canções (256, segundo Martín de Riquer; 264, de acordo com Henri Irénée-Marrou). A reconstituição dessas composições é, praticamente, uma realidade deste século. As primeiras transcrições foram publicadas por A. Restori, em 1895, mas o trabalho de restauração das melodias só tomou incremento no século XX. O próprio Pound participou dessa atividade, colaborando com o musicólogo W. Morse Rummel na publicação de "nove canções dos trovadores" – entre as quais as duas existentes de Arnaut Daniel –, em 1913, e mais tarde, em 1920, com Agnes Bedford, na edição de mais cinco canções provençais. Só em 1958 veio a ser editada a obra definitiva de F. Gennrich, reunindo todo o acervo musical trovadoresco. E somente a partir dos anos 50 começaram essas canções a ter registro fonográfico. Hoje, dispomos de algumas dezenas de discos com um repertório de cerca de 50 canções (um quinto das melodias que sobreviveram). Em suma, tratava-se de artistas que compunham poemas a melodias. Quando não eram, eles próprios, os intérpretes de suas composições, faziam-nas interpretar por cantores profissionais, os *joglars* (jograis). A tradição do poeta-músico acabou se perdendo, na medida em que a poesia escrita se foi apartando da cantada. Nesse sentido, a revivescência da poesia trovadoresca tem um significado especial em nossos dias, quando assistimos, a partir dos anos 60 – dos Beatles e, entre nós, de Caetano Veloso, Chico Buarque de Hollanda e outros –, o surgimento de uma grande geração de poetas-músicos, extremamente eficazes no manejo da combinação entre *motz* e *son* (palavra e canção). Com uma diferença, porém. É que os textos provençais eram de fatura complexa, com esquemas rigorosos de estrofes, rimas e ritmos que se repetiam ao longo do poema numa intrincada rede de palavras, contrastando, sob esse aspecto, com a elaboração mais negligente e improvisada das "letras" da música de consumo, área em que se inscreve a poesia dos nossos "trovadores" modernos. Isso talvez explique por que a poesia provençal foi capaz de resistir, como poesia, independentemente da música, o que não acontece com a maior parte da lírica da música popular, quando desvestida da aura melódica.

Na introdução a Mais Provençais *há uma citação de Pound onde se lê que "a arte de Arnaut não é literatura, é a arte de combinar palavras e música numa sequência em que as rimas caem com precisão e os sons se fundem ou se alongam. Arnaut tentou criar quase uma nova língua, ou pelo menos ampliar a língua existente e renová-la". Que importância teve a poesia trovadoresca provençal para as linguagens poéticas posteriores?*

A poesia trovadoresca provençal inseminou toda a poesia ocidental posterior. Tão forte foi a presença dessa linguagem poética que o provençal chegou a constituir uma espécie de *koinê*, ou língua-geral. Catalães e italianos, quando faziam poemas, utilizavam a língua do *oc* (assim chamada por oposição à língua do *oil* – o "sim" do francês do norte). Fechado o ciclo vital da comunidade occitana com a cruzada contra os albigenses, a arte dos trovadores continuou a influir. Não há melhor exemplo que o dos próprios Dante e Petrarca, ambos discípulos e imitadores de Arnaut Daniel. É tal a admiração de Dante por Arnaut que, na *Divina Comédia*, quando se defronta com ele no Purgatório fá-lo expressar-se em seu próprio idioma, o provençal: "*Ieu sui Arnaut que plor e vau cantan*" (Eu sou Arnaut que choro e vou cantando)... No seu tratado *De Vulgari Eloquentia*, Dante analisa várias composições provençais, com ênfase na *constructio suprema* de poemas de Arnaut como "Aura amara", "Sols sui", "Si·m fos, amor" e "Lo ferm voler". Quanto a Petrarca, proclama nos *Trionfi* o valor dos trovadores de Provença, exaltando "fra tutti il primo Arnaldo Daniello, / gran maestro d'amor, ch'a la sua terra / ancor fa onor col suo dir strano e bello"...[4] A Sextina (composição formada com estrofes de seis linhas onde as palavras-rimas se sucedem em série permutativa) "Lo ferm voler", foi confessadamente imitada por Dante e Petrarca – Dante adotou-a, de corpo e alma, na canção "Al poco giorno ed al gran cerchio d'ombra", já vertida para o português, e admiravelmente, por Haroldo de Campos. A linguagem da lírica occitânica é também a fonte da poesia dos trovadores galego-portugueses, dos quais provém a nossa própria linguagem poética. Em nossos dias, bastariam os exemplos de Pound e Eliot para testemunhar a vitalidade da obra dos poetas occitanos – a *presença de Provença*. Mallarmé e os simbolistas recuperariam, por outro parâmetro, o prestígio da poesia-música e da poesia-arte numa moderna modalidade de *trobar clus* e de *trobar ric*. Mas o que espanta, no quadro dessa revivescência, é a atualidade, até certo ponto inesperada, dos trovadores, se se considera a atmosfera de relativo descrédito que se criara em torno de sua poesia, a partir de preconceitos históricos com relação à Idade Média. Não é só a excelência formal, a perfeição artística dessa poesia, que nos faz, hoje, apreciá-la. Além do exemplo ímpar de associação entre duas artes – a poesia e a música –, e além das características de concisão e precisão, que são hoje condicionantes da linguagem poética moderna, surpreende a liberdade de dicções e do tratamento dos temas: da "poesia sobre a poesia" e do *nonsense* (o "poema sobre nada" de Guilhem de Peitieu, que reverbera na "Canção do não-sei-o-que-é", de Raimbaut d'Aurenga, onde se mesclam poesia e prosa) à sátira dos costumes e à lírica amorosa, em todas as suas nuanças. Não é ela ainda, como se supõe vulgarmente, uma poesia adamada para damas, mas uma poesia onde o amor é dissecado tanto ao nível espiritual como ao físico, e por vezes com um realismo que só em raros momentos foi retomado na linguagem poética dos séculos posteriores: "*Que·l seu bel cors baisan rizen descobra / E que·l remir contra'l lum de la lampa*" (Que o belo corpo aos beijos rindo abra / E que o remire contra a luz do lume), diz Arnaut. A mulher é, sem dúvida, idealizada pelos trovadores, mas essa idealização antes contribui, premonitoriamente, para realçar a dignidade feminina. Sabe-se, hoje, que

---

4. "De todos o primeiro, Arnaut Daniel, o / grande mestre de amor que à sua terra / honra com seu dizer estranho e belo."

até do ponto de vista jurídico, especialmente quanto ao direito sucessório, a mulher tinha, no sul da França, um estatuto mais favorável que no resto da Europa. Houve, também – o que nem todos sabem –, mulheres-trovadoras, as *trobairitz*. Num estudo recente (1978) que acompanha a edição das 23 canções encontradas de 18 trovadoras, intitulado *The Women Troubadours*, Meg Bogin sustenta que "a elevação da mulher na poesia de amor cortês constituía uma 'subversão' da importância social das mulheres na Idade Média" e que "o amor cortês é um fato protofeminista, 'um estágio essencial da emancipação das mulheres'". A poesia trovadoresca é, assim, atual por vários e até insuspeitados aspectos.

A "rima polifônica" e a "concepção do poema, como um organismo", de que fala Pound, não tornam ainda mais difícil a tradução dos poemas de Arnaut?

Quando comecei a ensaiar as primeiras versões das canções de Arnaut, anos atrás, não tinha em mente traduzi-las, todas.[5] Achava que seria apenas um modo de conversar com o poeta, conhecer e entender melhor a sua arte. Afinal, o próprio Pound não fora além de dez canções (algumas objeto de várias tentativas, como é o caso de "*Sols sui qui sai*" – a canção XV –, de que fez quatro versões; outras, só traduzidas parcialmente).[6] Apaixonado pela minha "conversa" com os textos de Arnaut – conversa facilitada pelo melhor conhecimento que se tem hoje desses textos e pelas iluminações poundianas –, quando dei conta de mim, tinha chegado ao cabo da tradução dos dezoito poemas. As dificuldades são inúmeras: em primeiro lugar a *langue d'oc* é uma língua extraordinariamente musical e flexível, capaz ao mesmo

---

5. As três estrofes iniciais da minha tradução de "L'aura amara" foram publicadas na página "Invenção" do *Correio Paulistano*, de 31 de julho 1960. Minha primeira versão integral dessa canção acompanhou a segunda parte do artigo "Arnaut: o melhor artífice", publicado nos números de 25 de janeiro e 1.º de fevereiro de 1964, no "Suplemento Literário" de O Estado de S. Paulo. Assim foi reproduzida nas publicações posteriores em livro – *Traduzir e Trovar* (1968), *ABC da Literatura de Ezra Pound* (1970), *Verso reverso controverso* (1978) – até chegar ao texto de *Mais Provençais*, com pequenas variantes e alterações visando ao seu aperfeiçoamento.
6. Conforme veio a ser comprovado a partir do estudo *Pound's Translations of Arnaut Daniel – A Variorum Edition with Commentary from Umpublished Letters*, de Charlotte Ward (Garland, 1991) e, por fim, do completíssimo e mais acessível volume *Ezra Pound – Poems and Translations*, organizado por Richard Sieburth, publicado ainda em 2003, mas posteriormente a este livro, pela editora The Library of America, Pound chegou a traduzir todo o "corpus" das canções em volume intitulado *The Canzoni of Arnaut Daniel*, com textos bilíngues. Tentava publicá-lo desde 1912, e chegou a enviar o texto, por fim, em 1917, à editora norte-americana The Clerk's Press, mas o manuscrito desapareceu no correio. Foram localizadas, em publicações dispersas, 16 canções, ficando apenas, fora das recriações poundianas, as Canções I e VII.

tempo de melodiosa suavidade (cadeias de *l* e *m* propiciam constante fusão entre os vocábulos) e de asperezas e dissonâncias inviáveis em português (*-utz, -etz, -ecs*). Há, ainda, e especialmente em Arnaut, uma alta frequência de monossílabos, que não tem estoque correspondente em nossa língua. A isso se soma a variedade dos esquemas rítmicos, num mesmo poema, e as rimas ricas e raras, que se sucedem em desenhos complicados. O caso extremo é precisamente o das rimas que Pound batizou de "polifônicas", que equivalem às chamadas rimas "dissolutas" dos provençais, ou seja, rimas que não se repetem no interior de uma estrofe, mas comparecem na mesma posição em todas as demais. Numa das traduções de uma canção tipo – a de n.º XIII –, na qual eu tinha que usar seis rimas para a difícil palavra *noigandres*, acabei por recorrer a um jogo metalinguístico (tal como já o fizera o trovador Bertran de Born, ao imitar uma das séries rímicas de Arnaut): "pois para ser Arnaut o trovador / tem que encontrar mais rimas que há em *andres*". Não tenho nenhuma pretensão de ombrear as minhas traduções com o original. Mas espero, aqui e ali, ter captado – como digo na introdução do livro – "alguma coisa, alguma alma" da arte inexcedível de Arnaut Daniel. E só a existência de uma edição brasileira, bilíngue, dessas 18 canções com mais duas de Raimbaut d'Aurenga, graças à coragem editorial de Cleber Teixeira, juntando a fragrância de Noa Noa ao olor de Noigandres, já justifica – penso eu – o trabalho e o atrevimento de tentá-lo.

NOTA COMPLEMENTAR

Nos dois tomos de sua prolixa edição crítica – os quais, somados, perfazem 1.424 páginas para analisar 18 canções – além de, quase que sistematicamente, divergir dos textos estabelecidos pelos seus predecessores (Canello, Lavaud, Toja, Levy), em geral sem qualquer vantagem, Maurizio Perugi leva suas idiossincrasias filológicas ao ponto de suprimir a belíssima linha "Tro lai on lo soleils plovil" (com a metáfora do sol que chove, que tão justificadamente entusiasmou Ezra Pound) da Canção IV. Esplêndidos versos como "e·ill bisa busina els brancs" (Canção XI) e "que·l seu bel cors baisan rizen descobra / e que·l remir contra·l lum de la lampa" (Canção XII) são empobrecidos com a antialquimia poética de Perugi, que os reduz a "e·l bis'e·l brüeils e·l brancs" e "que·l seu cors jogan risen descobra / e·l remire contra·l lum de la lampa" – três versos claudicantes, em que, respectivamente, destrói a aliteração, quebra o pé e erra a acentuação. O verso "Bocca, que ditz?" (incluído numa sequência de rimas dissolutas em "itz") transmuda-se, imperitamente, num murcho "Bocha, c'as dit?" (Canção XII). À linda linha "E jois lo grans e l'olors de noigandres" (ou "d'enoi gandres", segundo a consagrada lição – a "lectio difficilior" – de Levy), da Canção XIII, prefere ele "e Jois lo gras e l'olor d'Enuo gandres". As coblas capfinidas (estrofes cujo primeiro verso repete a palavra final da anterior), da Canção II – a melodiosa "Chanson do·ill mot son plan e prim" – completadas por Lavaud, com o posterior acolhimento de Toja e de outros especialistas, como Bec ou Roubaud, são desmontadas por Perugi numa operação em que ele mesmo acaba confessando "l'inconfessato sadismo col quale ci accingiamo alla nostra opera di distruzione" (o inconfessado sadismo com o qual nos preparamos à nossa obra de destruição).

Quaisquer que sejam os pretextos do filólogo para assim editar tais versos, é evidente que os "seus" construtos são pouco plausíveis, especialmente quando resultam em textos mal-ajambrados, onde se estropia o ritmo e a rima e se corrompe o tecido sonoro do original, o que não é presumível da alta artesania do "miglior fabbro". Seus exercícios exegéticos são curiosos mas não menos artificiosos e objetáveis. Valha como exemplo a linha "si·ls afans no m'asoma" (literalmente: se ela não põe fim às minhas penas, segundo a interpretação corrente) da Canção IX, que o filólogo, contra todos os outros estudiosos, lê, com apoio num único manuscrito, "si l'afanz no m'adoma", pretendendo signifique nada menos que "se o sofrimento não me deixa ver a ponta das orelhas, ou a cauda, de modo que possa capturá--lo e fazer dele presa de caça". Apesar de jurar que não está trapaceando ("giuro che non sto barando al gioco"), Perugi consegue, aqui, transformar a ecdótica em anedótica. A prosápia e o aparato filológico, no entanto, não lhe asseguram maior credibilidade. Num autor que se mostra tão acremente crítico com os colegas e tão minucioso nas microcorreções textuais causa espécie e suspeita ver, à página 591 do 2.º tomo de sua obra, o dicionarista Cândido de Figueiredo mencionado como "Cândido i Figueiredo". Ao contrário de um Rodrigues Lapa, ele revela, a todo o momento, minguada sensibilidade estética. O que se vê, afinal, em sua "obra de destruição", é Arnaut Daniel (aliás ADan) dissecado, e às vezes esquartejado, por um filólogo-legista sem faro poético, fácil de corte mas pouco hábil para costurar a vítima. Tudo somado, prevalece o cânon arnaldiano fixado por Canello, com as variantes e os acréscimos exegéticos de Lavaud e Toja e as correções de Levy.

Pois foi justamente na "autoridade" de Maurizio Perugi que a professora Yara Frateschi Vieira, com característica discipularidade provinciana, querendo mostrar sapiência, foi buscar argumentos para tentar infirmar a minha recriação de "L'aura amara" (Canção IX) em seu artigo "Provecta Provença: reflexões a propósito de uma tradução de Arnaut Daniel" (em *Remate de Males* n.º 4, dez. 1984, revista do Departamento de Teoria Literária da Unicamp). Não se contenta a professora em deturpar as minhas ideias – pois se digo, em *Verso Reverso Controverso*: "A poesia, por definição, não tem pátria. Ou melhor, tem uma pátria maior", querendo significar obviamente que transcende o conceito de pátria, ela assevera, omitindo a segunda frase para melhor forjar a sua contrafação, que eu pretendo que a poesia não pertence a nenhuma pátria (e acrescentando, por sua própria conta, que para mim a poesia também não tem tempo, quando o que eu afirmo é que ela ultrapassa a sua época, em termos de valor permanente), esquecida de que minhas traduções vêm acompanhadas de estudos que situam os textos e seus autores em sua pátria e em seu tempo. Procura, ademais – e aqui se apoia na "autoridade" do facundo provençalista italiano – impugnar algumas linhas da minha tradução, para desqualificá-la. Num caso, vale-se da expressão "clausir", adotada por Perugi, com base em um único manuscrito, em lugar de "clarzir", por mim acolhida, e que é a consagrada unanimemente pelos mais abalizados estudiosos, Bartsch e Koschwitz, Canello, Lavaud, Toja, Eusebi etc., além de Berry e Spina. Na leitura de Perugi, que é evidentemente forçada, pois "clausir" remete, antes, a "claus" (fechado) e "claure" (fechar), a expressão quer dizer "desnudar"; "clarzir" significa "clarear, descorar, descolorir". Eu a traduzo por "branquear" ("branqueia os bosques"), para manter as belas aliterações, sem lesão ao significado: ver, por exemplo, no *Dicionário da Língua Portuguesa Mirador Internacional*, o verbete branquear: "tornar-se branco: A paisagem branqueou com a chegada do inverno." Além de pouco acrescentar, pois é mínima a distância semântica entre "descolorir" e "desnudar", trata-se, aqui, de mera conjectura, na areia movediça dos textos provençais, que em nada altera o critério da tradução, alicerçada em interpretação majoritária e mais convincente. No outro caso, quer desabonar a linha "má dama que me doma" (que tem de ser considerada em função do conjunto), comparando-a com o seu par literal ("si·ls afans no m'asoma"), na solitária versão de Perugi ("si l'afanz no m'adoma") – aquela mesma, da "ponta das orelhas" –, uma das mais cerebrinas e até ridículas tresleituras de sua lavra, que a professora aceita sem discussão para concluir que a minha tradução não deu conta do (suposto) sentido do texto. Mas além da estreiteza crítica, patenteia desconhecimento do assunto. Ainda mais quando pretende negar, contra toda a evidência, a preocupação "formal" de Arnaut – "che sperimentalista fu per eccellenza", como reconhece até Perugi (página 283, 2.º tomo) – ignorando os preceitos do "trobar clus" e do "trobar ric". Ou quando escreve que eu infrinjo, com a minha "má dama", uma regra da poética medieval – a de que "o poema de louvor não deve incluir o vitupério e vice-versa". Ora, não bastasse a própria "aura amarga", seria suficiente dar dois passos no "corpus" arnaldiano para encontrar em outras canções vizinhas, como a X, a XI ou a XIV, juntos, o vitupério e o louvor. Na Canção X o trovador chega a dizer que sua amada, se não reparar com um longo beijo a pena de amor que lhe causa, o matará e se danará no inferno ("m'auci e si enferna"); na Canção XI, censura-lhe o coração ácido ("cor agre"), que busca adoçar; e na XIV, o coração duro ("dur cor"), sem deixar de exaltar a motivadora de sua paixão. (E não adianta pedir socorro a Perugi porque sua edição, aqui, não discrepa das demais, salvo por um mínimo detalhe – ele prefere "mi auci e si enferna" –, empatando na tradução literal).

Poesia não se mede por colheres de café. E não é com falsas demonstrações de erudição emprestadas, sem discrímen, da "autoridade superior", que se vai conseguir compreendê-la. Contra a maré provinciana e antiprovençal dessa "má dama" que não me doma, só resta evocar, ainda uma vez, a imagem da "incompetência cósmica" para a leitura de poesia, que parece imbatível em certos redutos universitários...

*

Em compensação, uma outra jovem "dama", a poeta Ana Cristina Cesar, deu ao livro uma calorosa recepção.

Semioculto pelos organizadores do voluminoso *Ana Cristina Cesar: crítica e tradução* (Companhia das Letras, 2016) está o artigo que Ana publicou na revista *Leia*, em julho de 1983, sob o título "Bonito demais". Ele se refere ao meu livro *Mais Provençais*, na primeira edição em prensa manual do prestigiado e raro selo Noa Noa do poeta e editor Cleber Teixeira. Ana Cristina se suicidaria poucos meses depois, em 29 de outubro. Desejara entrar em contato comigo, mas morreu antes, "ses vezer", devido à animosidade dos seus companheiros contra "os concretos".

Encolhido em outros livros entre referências esparsas, está o pedido feito por Ana Cristina à crítica litero-sociológica Heloisa Buarque de Hollanda, sua amiga, para lhe dar o meu contato, expressando seu interesse em fazer um curso de tradução comigo:

> Entrei numa de tradução. Traduzi cinco poemas e meio de Emily Dickinson, com a ideia de transar antologia no Brasil ou mesmo doutorado com o Augusto de Campos, que seria simplesmente isso: poemas traduzidos, seguindo-se comentários de tradução (...) P.S. Me manda um contato com o Augusto de Campos (pedido sem a menor convicção).[7]

---

7. Carta de 7 de maio de 1980, transcrita em *Correspondência incompleta de Ana Cristina Cesar* (organização de Armando Freitas Filho e Heloisa Buarque de Hollanda), 1999.

Claro que Heloisa, sempre hostil e omissa em relação aos abomináveis "poetas concretos", não a animou nem lhe passou o contato desejado. Boicotou-o simplesmente. Ana já revelara grande apreço em artigo em que compara as minhas traduções de *Verso Reverso Controverso* com as de Manuel Bandeira, escrito quando não passava de uma estudante de 24 anos, embora marcado pelo preconceito contra o formalismo "concretista", supostamente desprovido de emoção. Admiração aumentada e retificada, porém, quando Caetano Veloso começou a cantar a composição "Elegia", de Péricles Cavalcanti com letra extraída da tradução que eu fizera do poema "Elegy XIX: To His Mistress Going to Bed", de John Donne, e quando pôde ela conhecer um pouco mais sobre os "concretistas" detestados pelos seus mentores e colegas.

A sua morte precoce, associada ao livro de poemas *A teus pés*, me faz lembrar o poema de Emily Dickinson, que ela também admirava, e que assim traduzi:

Tanto orgulho em morrer
Que nos humilha. Tanta
Indiferença em ter
Tudo o que nos encanta –
Tão feliz, ao revés,
De ir aonde ninguém quis –
Que a Angústia se desdiz
Em Inveja, a teus pés –

Mas eis aqui o indesejado artigo:[8]

---

8. HOLLANDA, H. Buarque de (org.). *Ana Cristina Cesar:* crítica e tradução. São Paulo: Companhia das Letras, 2016, pp. 290-291.

BONITO DEMAIS

Estou folheando sem parar um livro precioso: o *Mais Provençais*, uma belíssima edição bilíngue de poesia provençal traduzida por Augusto de Campos.[9] Há apenas seiscentos exemplares do livro em circulação, e não é só a edição limitada que me faz subir à cabeça um sentimento de urgência. Parece mais e mais premente levantar a poeira e repensar a tão maltratada questão da tradução de poesia entre nós. Estou resistindo à urgência, que inclui reclamações graves sobre traduções que andam por aí (e sobre edições que recusam, imperdoavelmente, a página bilíngue), porque este *Mais Provençais* é de rara eloquência e pede homenagem. Augusto é tradutor admirável, que sabe combinar a competência do *scholar* à consciência da tradução como ato (também) político. Sua prática dá o que pensar: ele é, dos poetas-tradutores, o que mais explicita suas opções de tradutor como militância. Basta rever o seu *Verso Reverso Controverso*, de 1978, coletânea de poemas traduzidos atravessada por uma didática estritamente poundiana e por soluções impecáveis. Já então os poetas provençais ocupavam lugar de destaque. Agora Augusto retorna à paixão antiga – daí o "mais" do título, cuja assonância apenas prenuncia a engenhosidade das soluções do tradutor.

Esse retorno nos dá duas canções de Raimbaut d'Aurenga – a primeira delas, que se chama "Não-sei-o-que-é" (!), pode valer como espécie de prefácio um tanto irreverente à questão da poesia e do desejo – e dezoito canções de Arnaut Daniel. Raimbaut era nobre, nasceu por volta de 1144, deixou umas quarenta composições marcadas pela irreverência e por agudo rigor formal, e é considerado "o mais lídimo precursor de Arnaut Daniel", este sim o grande craque da poesia provençal, namoradíssimo por Ezra Pound em ensaios e traduções.

9. *Mais Provençais: dezoito canções de Arnaut Daniel e duas de Raimbaut d'Aurenga*. Trad., intr. e notas de Augusto de Campos. Ed. bilíngue. Florianópolis: Noa Noa, 1982, 40 fls. Leia Livros, São Paulo, ano VI, n. 58, 15 jun./14 jul. 1983.

Na introdução ao livro, Augusto conta um pouco da história dos poetas provençais do século XII e reconfirma a extraordinária modernidade de seus versos. As páginas bilíngues que se seguem abrem a chance de se provar da orquestração da língua provençal, astutamente redesenhada no português.

E a edição dá mais: é um primor gráfico do aventureiro "poeta-tipógrafo-editor-visionário" Cleber Teixeira, que lá da ilha de Santa Catarina tem feito imprimir manualmente, na sua oficina Noa Noa, outras preciosidades, como o *Poem(a)s de E. E. Cummings*, *John Donne: o dom e a danação* (ambas traduções de Augusto), e *As mulheres gostam muito*, prosa de Angela Melim.

O álbum é bonito demais. E a urgência sobe outra vez: traduzir poesia, como diz Augusto (e agora num tom menos estrito e didático do que antes, quando Pound parecia presidir a fúria nossa contra o "subdesenvolvimento cultural"), não é exercício de divulgação; é sim um modo de ler criticamente a obra, "quem sabe revivê-la em alguns momentos privilegiados". *Mais Provençais* põe em cena, decididamente, um desses momentos.

CANTOS DE DANTE & CANÇÕES DE CAVALCANTI

14 Representação do Inferno em pintura de Botticelli, Canto XVIII (detalhe). Wikimedia Commons.

Dante Alighieri

O DESAFIO DOS CANTOS DE DANTE

"Depois de Provença, Dante e Guido Cavalcanti na Itália." Essa tirada radical, ainda hoje válida, não poderia provir senão da "crítica ideogrâmica", drástica e sintética, de Ezra Pound. Observa T. S. Eliot, seu companheiro da primeira hora na admiração pelos dois poetas italianos, que uma das coisas surpreendentes na poesia da *Divina Comédia* é que ela é, em certo sentido, extremamente fácil de ler. Essa relativa "facilidade" tem a ver com a diretidade da fala que Dante compartilha com outros grandes poetas da pré-Reforma e da pré-Renascença, notoriamente Chaucer e Villon. "O estilo de Dante", afirma Eliot, "tem uma lucidez particular – uma lucidez *poética*, que se distingue da lucidez *intelectual*. O pensamento pode ser obscuro, mas a palavra é lúcida, ou antes translúcida." Deve-se também tal "facilidade" ao método poético da alegoria por ele empregado. "A imaginação de Dante" – prossegue Eliot – "é uma imaginação *visual*. Seu propósito é 'fazer-nos ver o que ele viu'. Para tanto ele utiliza uma linguagem muito simples, de muito poucas metáforas, pois alegoria e metáfora não convivem bem". Ao penetrarmos no "inferno" pela primeira vez – enfatiza ainda o grande autor de *The Waste Land* – recebemos uma sucessão de imagens fantasmagóricas mas claras, que são coerentes, no sentido de que cada uma reforça a outra". Isto se evidencia particularmente no Inferno, onde "a alegoria é fácil de assimilar ou ignorar porque podemos, por assim dizer, captar a concretude final dela, a sua solidificação em imagens". "Trattando l'ombre come cosa salda" (tratando as sombras como coisa sólida), diz um verso da *Divina Comédia* que bem poderia epitomizar a estratégia adotada por Dante para dar vida à sua travessia pelo imponderável mundo dos mortos. Firmado no princípio de que a poesia genuína pode comunicar-se antes mesmo de ser entendida, Eliot ousa afirmar que o leitor não deve, à primeira leitura, preocupar-se com a identidade do Leopardo, do Leão ou da Loba, e que é até melhor, de início, não saber o que significam. A observação vale também para os numerosíssimos personagens e incidentes que pontilham a *Comédia*. Claro está que, como ressalva ele, "se depois da sua primeira decifração do texto sobrevém aqui e ali algum choque direto de intensidade poética, nada a não ser a preguiça pode sofrear o desejo de obter cada vez maior conhecimento".

Admirável é como logrou Dante condensar, sem prejuízo da fluência narrativa, as complexidades da sua viagem alegórica pelos estágios da alma humana nas três séries de Cantos em tercetos decassilábicos encastoados em "terza rima" (a-b-a, b-c-b etc.) que armou como as vigas e os travejamentos de uma catedral gótica para a *Divina Comédia*. Construção em constrição, que ainda repercute em sua infraestrutura numérica, pois, como acentua Ernst Robert Curtius *(Literatura Europeia e Idade Média Latina)*, Dante nos conduz nos seus 100 Cantos divididos em três grupos – 1 + 33 (Inferno), 33 (Purgatório) e 33 (Paraíso) – através de três reinos, o último dos quais abrange 10 céus: "Tríades e décadas se entretecem na unidade. O número, aqui, não é mais simples esqueleto exterior, mas símbolo do *ordo cósmico*". Uma severidade estrutural que, tal como as feras do seu primeiro Canto, antepõe à "viagem" do tradutor um desafio quase insuperável. É que Dante, ao compor suas "terzine" com tão apurado rigor, tinha à sua disposição todo o repertório do idioma nativo, ampliado ainda pela latinização do italiano (como o demonstrou Curtius), enquanto o tradutor se vê constrangido a buscar em outro idioma formas equivalentes, porém circunscritas a áreas semanticamente predeterminadas para as quais deve transferir nomes e toponímias alienígenas. Em suma, ele tem de fazer suas escolhas a partir de um estoque verbal muito mais estreito, obrigando-se a um perpétuo malabarismo para replicar de desigual para igual ao intrincado esquema de versos e rimas da lavra dantesca e preservar o elevado tônus poético, sem deixar que o sentido se esvaia e se percam as referências em prejuízo do entendimento. Este é, evidentemente, um problema que ocorre em toda a tradução, mas que aqui assume proporções enormes, tendo em conta as constrições formais e as dimensões do poema.

É uma batalha duríssima e da qual poucos não saem perdedores, voltando da refrega com um mero arremedo empertigado da maravilhosa artesania do mestre italiano. Pecado muito frequente e às vezes inevitável é o do torcicolo das frases, o do arrocho das indesejáveis inversões que o ouvido dos brasileiros está cansado de desentender desde as margens plácidas do nosso Ipiranga, mas que aqui desmoronam inevitavelmente quando confrontadas com a linguagem dúctil e fluente da *Divina Comédia*. Uma falha que reponta, desde logo, no início da tradução oitocentista do baiano Xavier Pinheiro (que traduziu meritória e esforçadamente toda a *Comédia*, ressalve-se). Lá está:

"Da nossa vida em meio da jornada"

respondendo ao simples e direto:

"Nel mezzo del cammin di nostra vita".

(Ao traduzir este Canto, nada mais fiz que seguir o curso normal da frase, percebendo que a acentuação principal, ao recair na 6.ª sílaba, compunha sem esforço o decassílabo desejado, resultando num verso que flui naturalmente: "No meio do caminho desta vida".)

Argumentar que a inversão sintática era prática tolerada e até acoroçoada em seu tempo não é bastante para salvar do inferno literário a desconcertante distorção pinheiriana, logo na abertura do poema, a emperrar-lhe o passo. Machado de Assis, que teria inspirado o tradutor com a versão do Canto XXV do Inferno, a única que fez da *Divina Comédia*, publicada em *O Globo* de 25 de dezembro de 1874, segue caminho oposto, elaborando uma das mais bem-sucedidas traduções de um canto dantesco já feitas entre nós. No estudo "Machado de Assis e Dante" (em *O Meu Dante – Contribuições e Depoimentos*. Instituto Cultural Ítalo-Brasileiro – Caderno n.º 5. São Paulo: 1965), Edoardo Bizzarri a reputava, àquela altura, "a melhor tradução que Dante teve em língua portuguesa: não apenas pela correta interpretação e pelo respeito à forma métrica original, mas também por conservar ao máximo, compativelmente com a diferença linguística, o ritmo e o estilo de Dante". De fato, apesar de Mário de Andrade ter estranhado a escolha do Canto XXV ("um dos mais esquisitos", segundo o modernista), esse texto menos glamuroso tem momentos extraordinários na descrição dos tormentos infligidos aos condenados pela serpente demoníaca que os envolve, patenteando riqueza e condensação detalhísticas que ombreiam com a linguagem precisa e concisa de Ovídio e dos clássicos latinos. Machado opta pela concretude e diretidade da linguagem, saindo-se galhardamente em passos onde é dificílimo conjugar a coerência sintática e semântica ao rigor da estrutura formal. De resto, como anota Bizzarri, contrastando com as reservas de Mário, "o canto escolhido por Machado devia ser posteriormente reconhecido, pela melhor crítica dantesca, como um dos mais interessantes e complexos do poema, devido aos problemas de técnica expressiva e de linguagem poética impostos pela ousadia da figuração".

Outra inconveniência das traduções são as rimas abstrusas, arrancadas a fórceps, e que induzem ao emprego de palavras desusadas ou pouco utilizadas. É este um defeito algo relativo, visto que Dante empregava uma quantidade significativa de palavras cuja maior ou menor cronicidade com respeito ao seu próprio tempo é matéria de estudos e perquirições sem fim. Muitas delas eram neologismos de bela fatura, como "inurba" (do latim *in urbem*), "entra na cidade", no Canto XXVI do Purgatório, expressão mantida em minha tradução. Constituem achados que se devem preservar. De todo modo, ler Dante, hoje, impõe, ao próprio leitor italiano, a achega de glossários para a compreensão de vocábulos idos e perdidos, de contaminações linguísticas ou de ambiguidades semânticas, sem falar nas inumeráveis alusões a personagens e locais históricos ou mitológicos. Ainda assim, entendo que se deve evitar ao máximo o recurso a palavras de uso raro ou escasso, só as chamando à baila quando se revela absolutamente deficitário o estoque de rimas disponíveis ou quando se trata de construções excepcionais, autorizadas pela chancela dantesca.

Defeito contrário, ainda quanto à "terza rima", é o abuso de rimas pobres ou chãs para tapar os buracos da tradução. Essas duas balizas – inversão, numa ponta, e rimas forçadas ou chãs, na outra – já nos fornecem um critério que faz cair por terra a maioria das tentativas de versão, algumas modestas e parciais, outras ambiciosamente completas, que até aqui se têm feito do poema dantesco.

De minha parte, contento-me em oferecer ao leitor apenas quatro Cantos do Inferno e dois do Purgatório, tendo tido a preocupação de evitar ao máximo os escolhos apontados, sendo certo que a dominante diretidade da linguagem dantesca não exclui rupturas na linearidade da estruturação frásica, o que é natural num sistema fechado de rigores métricos e rímicos como o da *terzina*. Mas é claro que não basta empregar um discurso o mais direto possível e munir-se de boa métrica e de boas rimas para chegar a uma tradução satisfatória dos admiráveis versos de Dante. É preciso estar ainda atento às aliterações, aos jogos de palavras, às nuances sonoras e sobretudo à densidade e à consistência das palavras empregadas, considerando que a concretude e o despojamento vocabulares prevalecem aqui sobre a adjetivação vaga e o ornamento fungível. Cumpre convocar todas as forças do idioma para estabelecer uma construção que, se não se equipare ao bem armado edifício da *Divina Comédia*, resista ao menos dignamente ao seu lado. É o que tento fazer, correndo todos os riscos da aventura tradutória.

Haroldo de Campos fascinou-se com a luz do Paraíso, de que tão excelentemente traduziu alguns dos Cantos. A mim me tocou enfrentar o Inferno com suas cambiâncias de escuridão e seus horrores sanguinolentos e o Purgatório com a sua cinzenta opacidade – aquele, patenteando o "belo negativo", este, as tintas bruxuleantes da "melancolia", como quer Francesco de Sanctis, para quem a forma, "corpulenta e material no Inferno, pictórica e fantástica no Purgatório se dissolve no Paraíso em "lirismo e musicalidade". A minha escolha desses Cantos não é inteiramente arbitrária. É claro que os Cantos I e V, do Inferno, são "hits" dantescos, como *Hamlet* e *Macbeth* o são para o *corpus* shakespeariano. Provocam, mais que outros, à tradução. Mas sempre me impressionou também o Canto VII com seu enigmático introito "Pape Satàn! pape Satàn aleppe", uma espécie de desesperanto interlinguístico que me feriu a imaginação. Nos outros Cantos a instigação principal foi o mapeamento do encontro do poeta toscano com os trovadores provençais, seus antecessores, Bertran de Born, no Inferno, Arnaut Daniel e Sordello, no Purgatório, homenagem particular a essa estranha raça que certa vez chamei de "família dispersa de náufragos bracejando no tempo e no espaço". É uma leitura pessoal? Até certo ponto, sim. Não posso negar que às vezes a minha aventura dantesca reverbera de acentos próprios: este é, por certo, "o meu Dante". Assim aquele inortodoxo "solitário, sem sol e sem saída" que introjeto na terceira linha do primeiro tercerto e que não traduz literalmente o original mas se reporta a uma linha do meu poema "O Rei Menos o Reino", do livro homônimo, de evidente influência dantesca, a partir da epígrafe-fraturaexposta: "queste parole di colore oscuro"... Se não é literal, capta – penso eu – o espírito da coisa, mais do que a versão lítero-banal do verso. Certas reetimologizações não convencionais, suscitadas pelo palavreado dantesco, como a que atingiu aquele leopardo que não só apavorou o poeta mas chegou a escandalizar alguns dantólogos nativos pela "gaiata pele" da minha versão, vão por conta de uma operação poética de rejuvenescimento linguístico, que eu propositadamente assumo toda vez que o antigo texto italiano sugere uma solução nova e instigante. Espero que o leitor sensível saiba compreendê-las, certo de que o meu intento não é nunca a reverência acadêmica ao texto, mas a sua presentificação como matéria viva de poesia, respeitados os lineamentos semânticos e o arcabouço formal do poema.

Um dos mais celebrados da *Divina Comédia*, o Canto I do Inferno, assinala o encontro de Dante com aquele que será o seu guia até os umbrais do Paraíso, o poeta latino Virgílio, seu declarado mestre literário. Os versos iniciais são vigorosos, repletos de aliterações – *nel mezzo del cammin... vita... ritrovai... selva... via...* (no 1.º terceto), *dir... dura... selva selvaggia... pensier... paura* (no 2.º), *... verace via...* (no 4.º)*... lonza leggiera...* (no 11.º) *... piu volte volto...* (no 12.º), para só mencionar algumas, mais evidentes. A caminhada tinge-se, desde logo, de um toque de fantasia e surpresa, dir-se-ia hoje uma paisagem surrealista, com a súbita aparição das feras que aterrorizam o poeta, figuras alegóricas que representam, em nível imediato, a Luxúria, o Orgulho e a Avareza. É um começo majestoso, logo invadido pelas imagens abruptas e sintéticas com as quais o poeta nos incita a acompanhá-lo em sua insólita aventura. Não menos impactante é o Canto V, que franqueia ao poeta o segundo círculo do Inferno, onde são castigados os luxuriosos; regido por Minos, uma das formas demoníacas que Dante extrai dos arquétipos da Antiguidade para presidirem a punição eterna, como Caronte, Cérbero, Pluto, Gerion. Este é o "lugar que a toda luz é mudo", pervagado por personagens histórico-mitológicos, "le donne antiche e i cavallieri", Semíramis, Cleópatra, Helena, Dido, Aquiles, Páris, Tristão, todos tangidos pela mesma culpa, e onde fulgura Francesca da Rimini, num diálogo emocionado sobre o amor que culmina com o desmaio espetacular e (ao nível da linguagem) especular do poeta: "E caddi come corpo morto cadde" (E caí como corpo morto cai). Notáveis, do primeiro a este Canto, as sinestesias que permeiam algumas imagens: "il sol tace", "d'ogni luce muto". Deste Canto V Ezra Pound transmigrou várias pedras-de-toque para o mosaico dos seus próprios Cantos – "Così discesi per l'aer maligno", que junta os versos 1 e 86 de Dante (EP, Canto 80), "Io venni in luogo d'ogni luce muto" (EP, Canto 14), "Elena vedi" (EP, Canto 20), "Caina attende" (EP, Canto 5) ["Caína" (de Caim), primeira zona do 9.º Círculo, onde são castigados no gelo os fratricidas]. O Canto VII, introduzido pela bizarra invocação pré-sonorista de Satã, marca com o seu ressoar macabro a intervenção de um segundo avatar demoníaco, Pluto. Passamos pela visão grotesca do conflito e punição eternos dos avarentos e dos pródigos ("uns hão de ressurgir do seu sepulcro / de mão fechada, outros sem a crina.") para terminar com a patética visão dos "vencidos pela ira" e dos acidiosos, os que se recusaram a acolher o dom da vida e que agora gargarejam sob a lama a sua tristeza irreparável: "Do imo do limo dizem: 'Tristes fomos / em meio ao doce ar que o Sol alegra, / trazendo dentro o fumo do que somos'". Já o Canto XXVIII, que irá desembocar no trovador guerreiro, Bertran de Born, é um dos mais violentos e histriônicos e também um dos mais surpreendentes. Estamos no baixo inferno – o Malebolge, 9.ª fossa ("bòlgia") – vendo desfilar as sombras estropiadas dos que fomentaram a discórdia e que têm isomorficamente estampado na mutilação dos corpos o crime cometido. Na sua descrição infiltra-se um humor negro e terrível a refletir-se na linguagem nua e crua e até mesmo cruel e rude, que muitos tradutores hesitam em traduzir ao pé da letra, permitindo-se atenuá-la com eufemismos, como naquelas linhas que mostram um dos condenados a exibir, protrusas, as suas entranhas: "la corata pareva e il tristo sacco / che merda fa di quel che si trangugia". Xavier Pinheiro: "Patentes os pulmões e o saco feio / Onde o alimento de feição varia". Cristiano Martins: "à mostra estavam nele o coração / e a bolsa que o alimento recebia." Em minha tradução: "o rol das vísceras e o triste trato / que muda em merda tudo o que é tragado". O trovador Bertran de Born, senhor de Altaforte, louvado por Dante em seu tratado *De Vulgari Eloquentia*, ali está, por ter fomentado a guerra entre Henrique II Plantageneta e o seu filho, "o rei jovem". Sua aparição, portando a cabeça, separada do corpo, como lanterna, é das mais impactantes de toda a *Divina Comédia*. No Canto VI do Purgatório, ultrapassadas as hostes implorantes dos que tiveram morte violenta, é o encontro com outro trovador, Sordello, conterrâneo de Virgílio, e um dos derradeiros poetas relevantes de Provença, o momento pregnante (Pound e Eliot ressaltaram a pedra-de-toque do verso com que Dante o vislumbra, sobranceiro, "a guisa di león quando si posa"). O incidente é também pretexto para as invectivas com que o poeta fustiga, pessoal e passionalmente, a sua terra: "Ahi serva Italia di dolore ostello / Non donna di provinzie ma bordello!", reservando farpas e ironias para a sua Florença, num discurso pseudolaudatório e ferino. O Canto XXVI do Purgatório põe Dante ainda uma vez em confronto com os pecadores da carne, aqui os que a vergonha ou o arrependimento qualificaram à purificação depois do castigo transitório. É neste Canto que aparece, introduzido ao poeta pelo seu predecessor Guido Guinizelli, o trovador Arnaut Daniel, "il miglior fabbro del parlar materno", com os belos versos provençais que Dante coloca em sua boca. É a única vez na *Comédia* em que um personagem fala em outra língua que não o toscano. Pound e Eliot foram particularmente sensíveis a este episódio, no qual Dante promove um emocionante encontro entre poetas que, como nos casos precedentes de Virgílio e Sordello, subverte as fronteiras hierárquicas do universo teológico do poema, sugerindo, no caso do maior dos trovadores provençais, ao nível estético, reflexão essencial sobre as categorias da invenção e da mestria, fundamentais para a pragmática poundiana.

No dealbar do século 21, a tradução destes seis cantos dantescos quer existir como pequena homenagem ao monumental poeta que varou os séculos e, através dele, aos grandes trovadores provençais que iniciaram a poesia lírica do ocidente, e pode-se até dizer, em rasgo mais amplo, a poesia moderna, se se pensa especialmente no perfeito ajuste entre "motz e·l son" (palavra e melodia), acentuado por Pound em tantas de suas canções, e especialmente na arte sintética, dura e pura, de Arnaut Daniel, modelo do poeta-inventor. Quer também pôr em foco a fluência e a atualidade da linguagem poética da *Divina Comédia*, tão referida e tão pouco visitada.

Que este exemplário de versões, elaboradas sob os critérios da tradução criativa, no contexto das poéticas da modernidade, possa contribuir para que a obra de Dante, onde há tanto que fruir e aprender, seja mais lida e amada entre nós.

Do Inferno

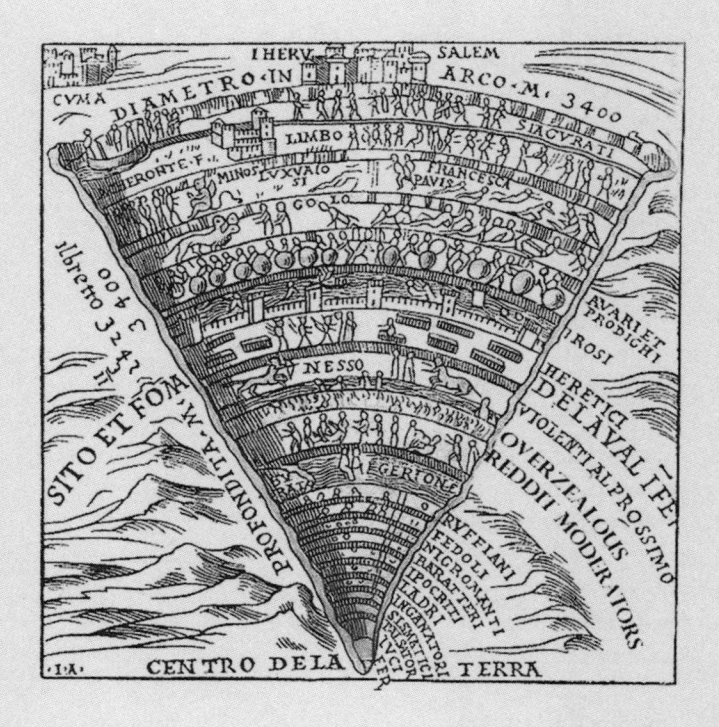

15 Representação do Inferno na edição da *Divina Comédia* publicada por Gregorio de Gregoriis, em Veneza, 1515.

Canto I

Nel mezzo del cammin di nostra vita
mi ritrovai per una selva oscura,
ché la diritta via era smarrita.

Ah quanto a dir qual era è cosa dura,
questa selva selvaggia e aspra e forte
che nel pensier rinnova la paura!

Tanto è amara che poco è più morte;
ma, per trattar del ben ch'io vi trovai,
dirò dell'altre cose ch'io v'ho scorte.

Io non so ben ridir com'io v'entrai,
tanto era pieno di sonno in quel punto
che la verace via abbandonai.

Ma poi ch'io fui al piè d'un colle giunto
là ove terminava quella valle
che mi avea di paure il cor compunto,

guardai in alto, e vidi le sue spalle
vestite già dei raggi del pianeta
che mena dritto altrui per ogni calle.

Allor fu la paura un poco queta,
che nel lago del cor m'era durata
la notte ch'io passai con tanta pièta;

e como quei che, con lena affannata
uscito fuor del pèlago alla riva,
si volge all'acqua perigliosa e guata,

così l'animo mio, che ancor fuggiva,
si volse indietro a rimirar lo passo
che non lasciò giammai persona viva.

Canto I

No meio do caminho desta vida
me vi perdido numa selva escura,
solitário, sem sol e sem saída.

Ah, como armar no ar uma figura
dessa selva selvagem, dura, forte,
que, só de eu a pensar, me desfigura?

É quase tão amargo como a morte;
mas para expor o bem que eu encontrei,
outros dados darei da minha sorte.

Não me recordo ao certo como entrei,
tomado de uma sonolência estranha,
quando a vera vereda abandonei.

Sei que cheguei ao pé de uma montanha,
lá onde aquele vale se extinguia,
que me deixara em solidão tamanha,

e vi que o ombro do monte aparecia
vestido já dos raios do planeta
que a toda gente pela estrada guia.

Então a angústia se calou, secreta,
lá no lago do peito onde imergira
a noite que tomou minha alma inquieta;

e como o náufrago, depois que aspira
o ar, abraçado à areia, redivivo,
vira-se ao mar e longamente mira,

o meu ânimo, ainda fugitivo,
voltou a contemplar aquele espaço
que nunca ultrapassou um homem vivo.

Poi ch'èi posato un poco il corpo lasso,
ripresi via per la piaggia diserta,
sì che il piè fermo sempre era il piú basso;

ed ecco, quasi al cominciar del'erta,
una lonza leggiera e presta molto
che di pél maculato era coperta,

e non mi si partìa dinanzi al volto,
anzi impediva tanto il mio cammino
ch'io fui per ritornar più volte vòlto.

Tempo era dal principio del mattino,
e il Sol montava in sù con quelle stelle
ch'eran con lui quando l'Amor divino

mosse da prima quelle cose belle;
sì che a bene sperar m'era cagione
di quella fiera alla gaietta pelle

l'ora del tempo e la dolce stagione;
ma non sì che paura non mi désse
la vista che mi apparve d'un leone.

Queto parea che contro me venesse
con la testa alta e con rabbiosa fame,
sì che parea che l'aer ne temesse.

Ed una lupa, che di tutta brame
sembrava carca nella sua magrezza
e molte genti fe' già viver grame,

questa mi porse tanto di gravezza
con la paura che uscia di sua vista,
ch'io perdei la speranza dell'altezza.

E quale è quei che volontieri acquista,
e giunge il tempo che perder lo face,
che in tutti i suoi pensier piange e s'attrista,

Depois que descansei o corpo lasso,
recomecei pelo plaino deserto,
pé firme embaixo, mas incerto o passo;

e quando o fim da estrada estava perto,
um leopardo ligeiro, de repente,
que de pele manchada era coberto,

surgiu e se postou na minha frente,
e com tal vulto encheu o meu caminho
que só "voltar" volteava em minha mente.

Era a hora do tempo matutino.
Subia o Sol seguido das estrelas
que o acompanhavam quando o Amor divino

moveu primeiro aquelas coisas belas.
Já não temia tanto a aparição
daquela fera de gaiata pele

à hora clara e à suave estação.
Mas o temor de novo me conquista
à imagem imprevista de um leão

que parecia vir na minha pista
com alta fronte e fome escancarada
como se o ar tremesse à sua vista.

E uma loba magra, macerada
de todas as espécies de avidez,
que levou muita gente à derrocada,

fez-me sentir o peso dos meus pés,
e fiquei, preso ao pó do meu pavor,
sem esperança de sair do rés.

Tal como a gente rica perde a cor
quando sente a fortuna abandoná-la,
que só sabe chorar a sua dor,

tal mi fece la bestia senza pace,
che, venendomi incontro, a poco a poco
mi ripingeva là dove il Sol tace.

Mentre ch'io ruinava in basso loco,
dinanzi agli occhi mi si fu offerto
chi per lungo silenzio parea fioco.

Quando vidi costui nel gran diserto:
"*Miserere* di me", gridai a lui,
"qual che tu sii, o ombra o uomo certo!"

Risposemi: "Non uomo; uomo già fui,
e li parenti miei furon lombardi,
mantovani per patrïa amendui.

Nacqui *sub Iulio*, ancor che fosse tardi,
e vissi a Roma sotto il buono Augusto
al tempo degli Dei falsi e bugiardi.

Poeta fui, e cantai di quel giusto
figliuol d'Anchise che venne da Troia
poi che il superbo Ilïon fu combusto.

Ma tu perché ritorni a tanta noia?
Perché non sali il dilettoso monte
che è principio e cagion di tutta gioia?"

"Or sei, tu quel Virgilio e quella fonte
che spande di parlar sì largo fiume?",
rispos'io lui con vergognosa fronte.

"O degli altri poeti onore e lume,
vàgliami il lungo studio e il grande amore
che mi ha fatto cercar lo tuo volume!

Tu sei lo mio maestro e lo mio autore,
tu sei solo colui da cui io tolsi
lo bello stile che mi ha fatto onore.

assim a fera me deixou sem fala,
e, vindo ao meu encalço, a loba atroz
me encurralava, lá, onde o Sol cala.

Enquanto eu recuava, ali, a sós,
ante os meus olhos se fez descoberto
alguém que parecia oco de voz.

Quando o vi despontar nesse deserto,
"Tem piedade de mim!", gritei, na hora,
"quem quer que sejas, sombra ou homem certo!"

E ouvi: "Homem não sou, mas fui-o outrora.
Meus pais viram a luz na Lombardia,
em Mântua", aditou ele sem demora.

Nasci *sub Iulio*, em época tardia,
vivi em Roma, sob o sábio Augusto,
tempo de deuses falsos, gente ímpia.

Fui poeta, cantei aquele justo,
filho de Anquises, que foi exilado
de Troia e viu todo o seu lar combusto.

Mas por que volves a este triste lado?
Por que não sobes o ditoso monte
que é princípio e ocasião de oposto estado?"

"Então tu és Virgílio, aquela fonte
que expande no dizer tão largo oceano?"
eu respondi com vergonhosa fronte.

"Oh guia dos poetas, soberano,
valham-me o longo estudo e o grande amor
que a tua arte votei ano após ano!

És o meu guia e máximo mentor,
foi em teus versos que aprendi, por fim,
o belo estilo que me fez compor.

Vedi la bestia per cui io mi volsi;
aiutami da lei, famoso saggio,
ch'ella mi fa tremar le vene e i polsi!"

"A te convien tenere altro viaggio",
rispose poi che lagrimar mi vide,
"se vuoi campar d'esto loco selvaggio;

ché questa bestia per la qual tu gride
non lascia altrui passar per la sua via,
ma tanto lo impedisce che l'uccide,

ed ha natura sì malvagia e ria
che mai non empie la bramosa voglia,
e dopo il pasto ha più fame che pria.

Molti son gli animali a cui si ammoglia
e più saranno ancora, infin che il veltro
verrà che la farà morir con doglia.

Questi non ciberà terra né peltro,
ma sapïenza e amore e virtute,
e sua nazion sarà tra feltro e feltro.

Di quell' umile Italia fia salute
per cui morì la vergine Cammila,
Eurìalo e Turno e Niso di ferute.

Questi la caccerà per ogni villa,
fin che l'avrà rimessa nell'Inferno,
là onde invidia prima dipartilla.

Ond'io per lo tuo me' penso e discerno
che tu mi segui, e io sarò tua guida,
e trarrotti di qui per loco eterno

Mas olha a fera que me prende assim.
Socorre-me, ó maestro da linguagem,
que o pulso e as veias tremem dentro em mim!"

"Convém que faças uma outra viagem"
(disse ante a minha lágrima sentida)
"para sair deste lugar selvagem;

pois a fera que tanto te intimida,
ninguém pode passar por sua via,
que a todos veda e a todos tira a vida.

Sua natureza é tão perversa e fria
que o seu comer a gula não abala
e o seu desejo nunca se sacia.

Com animais diversos se acasala
e muitos mais até que um cão audaz
a cobrirá de dor até matá-la.

A este nem terra nem metal apraz
mas só virtude, amor, sabedoria;
vive entre feltro e feltro[1] em plena paz.

Da Itália humilde vem, à qual um dia
Camila, a virgem, doou sua vida,
e Turno e Euríalo e Niso a agonia.

Ele há de persegui-la sem guarida
até mandá-la para o fim do Inferno
lá onde a inveja a teve submetida.

Mas penso em ti e o quanto posso ver no
que virá é que em mim terás um norte:
serei teu guia nesse reino eterno

---

1 Ou entre Feltre (no Vêneto) e Monte (feltro), na antiga Romagna (atualmente incluída na região de Emilia-Romagna).

ove udirai le disperate strida,
vedrai gli antichi spiriti dolenti
che la seconda morte ciascun grida;

e vederai color che son contenti
nel fuoco, perché speran di venire,
quando che sia, alle beate genti.

Alle qua' poi se tu vorrai salire,
anima fia a ciò più di me degna;
con lei ti lascerò nel mio partire.

Ché quello Imperador che lassù regna,
perch'io fui ribellante alla sua legge,
non vuol che in sua città per me si vegna.

In tutte parti impera e quivi regge;
quivi è la sua città e l'alto seggio;
oh felice colui cui ivi elegge!"

E io a lui: "Poeta, io ti richieggio
per quello Dio che tu non conoscesti,
acciò ch'io fugga questo male e peggio,

che tu mi meni là dove or dicesti,
sì ch'io vegga la porta di san Pietro
e color che tu fai cotanto mesti."

Allor si mosse, e io gli tenni dietro.

onde ouvirás tumulto louco e forte,
verás velhos espíritos sofrentes,
cada um a pedir segunda morte,

verás ainda alguns que estão contentes
no fogo, porque esperam no porvir
chegar ao alto, entre beatas gentes.

E se ao alto quiseres prosseguir,
confia numa alma ainda mais fina
com quem te deixarei antes de ir.

Pois esse Imperador que nos domina,
porque eu já fui rebelde à sua lei,
não quer que por meu ser se chegue à mina.

Do alto ele impera e em toda a parte é rei;
lá tem sua cidade e sua sede;
feliz quem ele aceita em sua grei!"

E eu a ele: "Poeta, eis quem te pede,
por esse Deus maior que nunca viste:
liberta-me do mal que aqui me impede,

leva-me a esse lugar que me previste,
à Porta de S. Pedro e ao pouso incerto
dos que descreves em seu mundo triste."

Moveu-se, então, e eu o segui de perto.

Canto V

Così discesi del cerchio primaio
giù nel secondo, che men loco cinghia
e tanto più dolor che punge a guaio.

Stavvi Minòs orribilmente e ringhia;
esamina le colpe nell'entrata
giudica e manda secondo che avvinghia.

Dico che quando l'anima mal nata
gli vien dinanzi tutta si confessa,
e quel conoscitor delle peccata

vede qual luogo d'Inferno è da essa;
cingesi con la coda tante volte
quantunque gradi vuol che giù sia messa.

Sempre dinanzi a lui ne stanno molte;
vanno a vicenda ciascuna al giudizio;
dicono e odono e poi son giù volte.

"O tu che vieni al doloroso ospizio,"
disse Minòs a me quando mi vide
lasciando l'atto di cotanto offizio,

"guarda com'entri e di cui tu ti fide;
non t'inganni l'ampiezza dell'entrare!"
E il duca mio a lui: "Perché pur gride?

Non impedir lo suo fatale andare;
vuolsi così colà dove si puote
ciò che si vuole, e più non dimandare."

Ora incomincian le dolenti note
a farmisi sentire; or son venuto
là dove molto pianto mi percuote.

Canto V

Assim desci do círculo primeiro
para o segundo, que já menos cinge
mas tem mais dor, que punge o ser inteiro.

Minos domina e horrivelmente ringe,
pesa a culpa de cada um na entrada,
julga e envia segundo a cauda atinge.

Digo que, quando a alma indigitada
posta-se a sua frente e se confessa,
esse fiscal da falta praticada

vê que lugar do Inferno dar a essa;
a cauda em suas voltas vai marcando
quantos graus entender que ela mereça.

Diante dele se ajunta todo um bando;
cada qual vai seguindo a sua via;
dizem, ouvem e cumprem o comando.

"Ó tu que vens à triste moradia,"
disse Minos a mim, ao ver-me, enquanto
parava de contar e advertia:

"olha como entras e onde expões teu manto,
não te engane a largueza do lugar!"
E o guia a ele: "Por que gritas tanto?

Não há como impedir seu caminhar:
assim o quer quem pode, ele somente,
o que quiser; é inútil contestar."

E já começa o lamentar dolente
a se fazer ouvir; eis-me, contudo,
andando em meio ao pranto dessa gente.

Io venni in luogo d'ogni luce muto,
che mugghia come fa mar per tempesta
se da contrarii venti è combattuto.

La bufera infernal che mai non resta
mena gli spirti con la sua rapina,
voltando e percotendo li molesta.

Quando giungon davanti alla ruina,
quivi la strida, il compianto, il lamento;
bestemmian quivi la virtù divina.

Intesi che a così fatto tormento
ènno dannati i peccator carnali
che la ragion sommettono al talento.

E come gli stornèi ne portan l'ali
nel freddo tempo, a schiera larga e piena,
così quel fiato gli spiriti mali:

di qua di là di giù di sù li mena;
nulla speranza li conforta mai,
non che di posa, ma di minor pena.

E come i gru van cantando lor lai
facendo in aer di sé lunga riga
così vidi venir, traendo guai,

ombre portate della detta briga;
per ch'io dissi: "Maestro, chi son quelle
genti che l'aura nera sì castiga?"

"La prima di color di cui novelle
tu vuoi saper", mi disse quegli allotta,
"fu imperatrice di molte favelle.

A vizio di lussuria fu sì rotta,
che libito fe' licito in sua legge
per tôrre il biasmo in che era condotta.

Vim a um lugar que a toda luz é mudo,
que muge como o mar sob a tormenta
quando o vento ao revés revolve tudo.

O tufão infernal nunca se assenta;
arrasta as almas com sua rapina
e girando e ferindo as atormenta.

Quando chegam defronte da ruína
aumenta o coro de lamentação;
blasfemam contra a perfeição divina.

Os que sofrem a pena todos são
pecadores da carne – assim o entendo –
que ao desejo submetem a razão.

Como estorninhos que se vão, batendo,
em longo bando, as asas a voar,
assim eu vi as almas se movendo

pra cá, pra lá, acima e baixo, no ar,
sem esperança de poder jamais
amenizar a pena ou repousar.

E como os grous soltando tristes ais
em larga fila ao vento que os fustiga,
assim foram chegando mais e mais

sombras movidas pela mesma briga;
então falei: "Mestre, quem são aquelas
almas que o ar negro sem cessar castiga?"

"A primeira que eu vejo dentre elas
sobressair", disse o guia da jornada
"foi rainha de muitas línguas belas.

Ao vício da luxúria tão votada
que a libido fez lei e liberou
para se ver de freios libertada.

Ell'è Semiramìs, di cui si legge
che succedette a Nino e fu sua sposa;
tenne la terra che il Soldàn corregge.

L'altra è colei che s'ancise amorosa
e ruppe fede al cener di Sichèo;
poi è Clëopatràs lussurïosa.

Elena vedi, per cui tento reo
tempo si volse, e vedi il grande Achille
che con Amore al fine combatteo.

Vedi Paris, Tristano;" e più di mille
ombre mostrommi, e nominommi, a dito,
che amor di nostra vita dipartille.

Poscia ch'io ebbi il mio dottore udito
nomar le donne antiche e i cavalieri,
pietà mi giunse e fui quasi smarrito.

Io cominciai: "Poeta, volontieri
parlerei a quei due che insieme vanno
a paion sì al vento esser leggieri."

Ed egli a me: "Vedrai quando seranno
più presso a noi, e tu allor li prega
per quell'amor che i mena, ed ei verranno."

Sì tosto come il vento a noi li piega
mossi la voce: "O anime affannate,
venite a noi parlar, s'altri nol niega!"

Quali colombe, dal disìo chiamate,
con l'ali aperte e ferme al dolce nido
vengon per l'aer dal voler portate,

cotali uscír della schiera ov'è Dido,
a noi venendo per l'aer maligno,
sì forte fu l'affettüoso grido.

Ela é Semíramis, que assassinou
o rei Nino e reinou como sua esposa
nas terras que o Sultão depois tomou.

A outra se matou, por amorosa,
quebrando o voto às cinzas de Siqueu;
Cleópatra vem logo, luxuriosa.

Olha Helena, que a tantos envolveu
em guerra, e o grande Aquiles a passar,
que o Amor, por fim, um dia combateu.

Vê Páris, vê Tristão;" mais de um milhar
de sombras me mostrou de uma enfiada
que à nossa vida Amor fez renunciar.

Depois que o guia nominou a cada
antiga dama e nobre cavalheiro,
tive pena da gente condenada.

Comecei: "Ó Poeta, meu luzeiro,
eu falaria àqueles dois que vão
pelo ar escuro com andar ligeiro."

E ele: "Quando estiverem perto, então,
suplica-lhes que ouçam teu recado
pelo amor que os conduz, e eles virão."

Tão logo o ar os levou para o meu lado,
movi a voz: "Ó almas a sofrer,
vinde falar-nos, se não for vedado!"

Como as pombas que o instinto faz volver
com a asa aberta ao ninho prometido,
movidas pelo vento do querer,

elas saíram da fila de Dido
a nós mirando pelo ar maligno,
tão forte e afetuoso o meu pedido.

"O animal grazïoso e benigno,
che visitando vai per l'aer perso
noi che tingemmo il mondo di sanguigno,

se fosse amico il re dell'universo
noi pregheremmo lui per la tua pace,
poi ch'hai pietà del nostro mal perverso.

Di quel che udire e che parlar vi piace
noi udiremo e parleremo a vui,
mentre che il vento, come fa, si tace.

Siede la terra dove nata fui
su la marina dove il Po discende
per aver pace coi seguaci sui.

Amor, che al cor gentil ratto s'apprende,
prese costui della bella persona
che mi fu tolta, e il modo ancor m'offende.

Amor, che a nullo amato amar perdona,
mi prese del costui piacer sì forte
che, come vedi, ancor non m'abbandona.

Amor condusse noi ad una morte.
Caina attende chi vita ci spense."
Queste parole da lor ci fûr pórte.

Quand'io intesi quell'anime offense,
chinai il viso e tanto il tenni basso
fin che il poeta mi disse: "Che pense?"

Quando risposi cominciai: "Oh lasso,
quanti dolci pensier, quanto disìo
menò costoro al doloroso passo!"

Poi mi rivolsi a loro, e parlai io,
e cominciai: "Francesca, i tuoi martiri
a lagrimar mi fanno triste e pio.

"Ó animal gracioso, ó ser benigno,
que visitando vais pelo ar adverso
os que na terra deixam sangue e signo,

se nos ouvisse o dono do universo,
a tua alma iríamos louvá-la,
porque te dóis do nosso mal perverso.

Mas se te apraz ouvir a nossa fala,
falar e ouvir virão as nossas dores,
enquanto o vento para nós se cala.

Eu nasci num lugar nos arredores
dessa marinha de onde o Pó descende
para pacificar seus seguidores.

Amor que ao coração gentil apreende
prendeu a mim o da bela pessoa
que enfim perdi, e o modo ainda me ofende.

Amor, que a amado algum amar perdoa,
me fez nele sentir prazer tão forte
que, como vês, ainda me afeiçoa.

Amor nos conduziu à nossa morte.
Caína aguarda ao que ceifou as vidas."
Assim falou, contando a sua sorte.

Quando escutei as almas ofendidas,
baixei o rosto com tamanho intento
que o poeta indagou: "Do que duvidas?"

Em resposta, exclamei: "Ah, que tormento,
quanto doce pensar, quanta ansiedade
para induzir ao doloroso evento!"

Depois voltei-me a ela e com bondade
lhe disse então: "Francesca, os teus martírios
fazem chorar meus olhos de piedade,

Ma dimmi: al tempo dei dolci sospiri,
a che e come concedette Amore
che conosceste i dubbiosi desiri?"

E quella a me: "Nessun maggior dolore
che ricordarsi del tempo felice
nella miseria, e ciò sa il tuo dottore.

Ma se a conoscer la prima radice
del nostro amor tu hai cotanto affetto,
farò come colui che piange e dice.

Noi leggevamo un giorno per diletto
di Lancilotto, come amor lo strinse;
soli eravamo e senza alcun sospetto.

Per più fïate gli occhi ci sospinse
quella lettura e scolorocci il viso,
ma solo un punto fu quel che ci vinse.

Quando leggemmo il disïato riso
esser baciato da cotanto amante,
questi, che mai da me non fia diviso,

la bocca mi baciò tutto tremante.
Galeotto fu il libro e chi lo scrisse.
Quel giorno più non vi leggemmo avante."

Mentre che l'uno spirto questo disse,
l'altro piangeva sì che di pietade
io venni men, così com'io morisse;

e caddi come corpo morto cade.

mas diz-me: ao tempo dos doces suspiros,
por que e como concedeu Amor
que conhecesses os seus vãos delírios?"

E ela responde: "Não há maior dor
que recordar-se do tempo feliz
na tristeza, e isso sabe o teu mentor.

Mas se queres saber qual a raiz
desse amor que nos fez tão desgraçados
farei como esse que, chorando, diz.

Nós líamos um dia sossegados
como a Sir Lancelote o amor venceu;
estávamos a sós e descuidados.

Por vezes a leitura surpreendia
o olhar no olhar, o rosto embranquecido,
mas foi um ponto só o que nos perdeu.

Quando lemos que o riso apetecido
fora beijado pelo amante ardente,
esse que nunca mais de mim divido

a boca me beijou, todo tremente.
Galeotto foi o livro e o autor enfim.
Nesse dia não lemos novamente."

Enquanto uma alma discorria assim,
a outra chorava tanto que num ai
senti como um morrer dentro de mim:

e caí como corpo morto cai.

Canto VII

"Pape Satàn! pape Satàn aleppe!",
cominciò Pluto con la voce chioccia;
e quel savio gentil che tutto seppe

disse per confortami: "Non ti noccia
la tua paura, ché, poder ch'egli abbia,
non ti torrà lo scender questa roccia."

Poi si rivolse a quella enfiata labbia
e disse: "Taci, maledetto luppo;
consuma dentro te con la tua rabbia!

Non è senza cagion l'andare al cupo;
vuolsi nell'alto, là dove Michele
fe' la vendetta del superbo strupo."

Quali dal vento le gonfiate vele
caggiono avvolte poi che l'alber fiacca,
tal cadde a terra la fiera crudele.

Così scendemmo nella quarta lacca,
pigliando più della dolente ripa
che il mal dell'universo tutto insacca.

Ahi giustizia di Dio, tante chi stipa
nuove travaglie e pene quant'io viddi?
E perché nostra colpa sì ne scipa?

Come fa l'onda là sopra Cariddi,
che si frange con quella in cui s'intoppa,
così convien che qui la gente riddi.

Qui vidi gente più che altrove troppa,
e d'una parte e d'altra, con grand'urli
voltando pesi per forza di poppa.

Canto VII

"Pape Satan! pape Satan aleppe!"
Plutão começa com a voz roufenha;
e o meu guia gentil, sem que me increpe

o medo, assim me diz: "Não te retenha
o temor, pois nenhum poder supera
a ordem de desceres esta penha."

Depois voltou-se à furiosa fera
advertindo: "Silêncio, cão danado,
tua ira em ti mesmo destempera!

Se a esta região sem luz temos chegado
é porque o quer o Altíssimo, no céu,
que o arcanjo Miguel tem ao seu lado."

Como a vela de um barco no escarcéu
desaba sob o vento que o desvia,
assim eu vi cair o cão cruel.

Descemos, pois, à quarta galeria,
um passo mais do vórtice dolente
que os males do universo compendia.

Ah! justiça divina, quanta gente
em trabalhos e dores vi penar,
e por que nossa culpa é assim pungente?

Como em Caríbdis se enfurece o mar
e onda contra onda se entrechoca,
vi corpos rodopiando sem parar.

Toda uma turva turba ali se soca,
e aos urros essa multidão se arrasta
portando fardos pela dura roca.

Percotevansi incontro, e poscia pur lì
si rivolgea ciascun, voltando a retro,
gridando: "Perché tieni?" e "Perché burli?"

Così tornavan per lo cerchio tetro
da ogni mano all'oppòsito punto,
gridandosi anche loro ontoso metro;

poi si volgea ciascun, quand'era giunto,
per lo suo mezzo cerchio all'altra giostra.
E io, che avea lo cor quasi compunto,

dissi: "Maestro mio, or mi dimostra
che gente è questa, e se tutti fûr cherci
questi chercuti alla sinistra nostra."

Ed egli a me: "Tutti quanti fûr guerci
sì della mente in la vita primaia,
che con misura nullo spendio fêrci.

Assai la voce lor chiaro l'abbaia,
quando vengono ai due punti del cerchio
dove colpa contraria li dispaia.

Questi fûr cherci, che non han coperchio
piloso al capo, e papi e cardinali,
in cui usa avarizia il suo soperchio."

E io: "Maestro, tra questi cotali
dovre' io ben riconoscere alcuni
che fûro immondi di cotesti mali."

Ed egli a me: "Vano pensiero aduni;
la sconoscente vita che i fe' sozzi
ad ogni conoscenza or li fa bruni.

In eterno verranno alli due cozzi;
questi risurgeranno del sepulcro
cal pugno chiuso, e questi coi crin mozzi.

Trombam-se aos encontrões, mas logo afasta
com gritos um ao outro e volta atrás.
Um: "Por que guarda?" O outro: "Por que gasta?"

Nessa peleja cada qual perfaz
seu caminho de um ponto ao ponto oposto
sempre gritando o seu refrão sem paz.

Retrocedem, após chegar ao posto
meio círculo até outra rodada.
E eu que a tudo assistia com desgosto,

disse: "Mestre, deslinda esta charada.
São frades? De onde vem toda essa gente
que à nossa esquerda eu vejo tonsurada?"

E ele: "Todos os que tiveram mente
oblíqua em sua vida terrenal
e não gastaram nada justamente.

Esse alto clamor é o seu sinal,
quando chegam aos dois pontos opostos
do círculo, onde a culpa é desigual.

Foram frades, agora vão depostos,
papas, cardeais, cabeça sem cabelo,
pela avareza que os faz descompostos."

E eu: "Mestre, entre esses maus, ouso dizê-lo,
julgo reconhecer neste lugar
alguns que claudicaram no seu zelo."

E ele a mim: "É somente um vão pensar.
A original cegueira que os domina
os faz escuros hoje ao nosso olhar.

Terão eternamente a mesma sina:
uns hão de ressurgir do seu sepulcro
de mão fechada, outros sem a crina.

Mal dare e mal tener lo mondo pulcro
ha tolto loro e posti a questa zuffa;
qual ella sia, parole non ci appulcro.

Or puoi veder, figliuol, la corta buffa
dei ben che son commessi alla Fortuna,
per che l'umana gente si rabbuffa;

ché tutto l'oro ch'è sotto la Luna
e che già fu, di queste anime stanche,
non poterebbe farne posar una."

"Maestro," diss'io lui, "or mi di' anche:
questa Fortuna di che tu mi tocche
che è, che i ben del mondo ha sì tra branche?"

Ed egli a me: "Oh creature sciocche,
quanta ignoranza è quella che vi offende!
Or vo' che tu mia sentenza ne imbocche.

Colui lo cui saper tutto transcende
fece li Cieli e diè lor chi conduce,
sì che ogni parte ad ogni parte splende

distribuendo egualmente la luce;
similemente agli splendor mondani
ordinò general ministra e duce,

che permutasse a tempo li ben vani
di gente in gente e d'uno in altro sangue,
oltre la difension dei senni umani;

per che una gente impera ed altra langue,
seguendo lo giudicio di costei
che è occulto come in erba l'angue.

Vostro saper non ha contrasto a lei;
questa provvede, giudica, o persegue
suo regno come il loro gli altri dèi.

Mal dar e mal guardar o mundo pulcro
os fez perder na encarniçada luta;
minhas palavras quase não têm fulcro

para expressá-la. Animam tal conduta
a Fortuna falaz e os bens que encerra
pelos quais tanta gente entra em disputa;

pois todo o ouro que existiu na terra
nem uma dessas almas sem sossego
poderia afastar de sua guerra."

"Mestre", eu disse, "a entender ainda me nego:
essa Fortuna que a todos dá alento
o que tem que acorrenta o mundo cego?"

E ele: "Ó gente de pobre entendimento,
Quanta ignorância vos atinge e ofende!
Agora atenta bem a este argumento.

Esse cujo saber tudo transcende
fez os Céus e a cada um doou seu guia,
e cada parte em toda parte esplende

distribuindo sua luz com harmonia:
assim também ao esplendor mundano
fez com mentores e uma hierarquia

que permutasse os bens terreais sem dano
de gente a gente e sangue a sangue fora
da oposição do pensamento humano,

donde uma parte impera e outra chora
ao talante daquele que aparece
como serpente oculta sob a flora.

Nenhum saber pode se opor a esse
que provê, julga e impera, em sua lida,
como os deuses, cada um em sua messe.

Le sue permutazion non hanno tregue;
necessità la fa esser veloce;
sì, spesso vien chi vicenda consegue.

Questa è colei ch'è tanto posta in croce
pur da color che le dovrìan dar lode,
dandole biasmo a torto e mala voce;

ma, ella s'è beata e ciò non ode;
con l'altre prime creature lieta
volve sua spera, e beata si gode.

Or discendiamo omai a maggior pièta;
già ogni stella cade che saliva
quand'io mi mossi, e il troppo star si vieta."

Noi ricidemmo il cerchio all'altra riva
sopra una fonte che bolle, e riversa
per un fossato che da lei deriva.

L'acqua era buia, assai più che persa;
e noi, in compagnia dell'onde bige,
entrammo giù per una via diversa.

Una palude fa che ha nome Stige
questo tristo ruscel, quando è disceso
al piè delle maligne piagge grige.

E io, che di mirare stava inteso,
vidi genti fangose in quel pantano,
ignude tutte, con sembiante offeso.

Questi si percotean non pur con mano,
ma con la testa e col petto e coi piedi,
troncandosi coi denti a brano a brano.

Lo buon maestro disse: "Figlio, or vedi
l'anime di color cui vinse l'ira;
ed anche vo' che tu per certo credi

Suas permutações não têm medida;
necessidade a faz mudar os fatos;
assim muda, veloz, a própria vida.

Eis a que crucificam por seus atos
quando deviam louvar o que faz,
mas só lhe dão blasfêmias e maus-tratos.

Ela, benévola, se satisfaz
com outras criaturas, sem dar tento,
e espera a sua vez alegre e em paz.

Mas desçamos agora a outro tormento.
Já toda estrela cai que antes subia
quando eu parti e já se perde o alento."

Saímos desse círculo a outra via
sobre uma fonte, que ferve e se versa
por uma fossa que dela desvia.

A água era turva, antes que dispersa,
e nós, com a onda gris por companhia,
baixamos mais a uma região diversa.

O triste rio Estige ali se abria,
ao descer, em um pântano parado
ao pé dessa infernal margem sombria.

E, tudo vendo, eu vi, rente, ao meu lado,
corpos a chafurdar no lodo, baços,
todos desnudos, com olhar magoado.

Batiam-se não só com mãos e braços,
mas com a testa e o peito e com o pé,
com os dentes cortando-se aos pedaços.

Disse-me o mestre: "Filho, agora vê
as almas dos vencidos pela ira,
e o que não vês, quero que creias; crê:

    che sotto l'acqua ha gente che sospira,
    e fanno pullular quest'acqua al summo,
    come l'occhio ti dice u' che s'aggira.

    Fitti nel limo dicon: 'Tristi fummo
    nell'aer dolce che dal Sol s'allegra,
    portando dentro accidioso fummo;

    or ci attristiam nella belletta negra.'
    Quest'inno si gorgoglian nella strozza,
    ché dir nol posson con parola intègra."

    Così girammo della lorda pozza
    grand'arco, tra la ripa secca e il mézzo,
    con gli occhi vòlti a chi del fango ingozza.

    Venimmo al piè d'una torre al da sezzo.

sob o lodo há mais gente que suspira,
fazendo borbulhar a água como os
olhos te mostram lá onde ela gira.

Do imo do limo dizem: 'Tristes fomos
em meio ao doce ar que o Sol alegra,
trazendo dentro o fumo do que somos;

tristes estamos sob a lama negra.'
Este hino gargarejam sem que possa
a palavra integrar-se, como é regra."

Um grande arco, assim, na funda poça
fizemos entre a margem seca e o charco,
vendo os que engolem lodo em sua fossa.

E eis-nos ao pé da torre, após o arco.

Canto XXVIII

Chi porìa mai pur con parole sciolte
dicer del sangue e delle piaghe a pieno
ch' io ora vidi, per narrar più volte?

Ogni lingua per certo verrìa meno
per lo nostro sermone e per la mente
che hanno, a tanto comprender, poco seno.

Se s'adunasse ancor tutta la gente
che già, insula fortunata terra
di Puglia, fu del suo sangue dolente

per li Troiani e per la lunga guerra
che delle anella fe' sì alte spoglie,
come Livio scrive, che non erra,

con quella che sentì di colpí doglie
per contrastare a Roberto Guiscardo,
e l'altra il cui ossame ancor s'accoglile

a Ceperàn, là dove fu bugiardo
ciascun pugliese, e là da Tagliacozzo
dove senz'arme vinse il vecchio Alardo;

e qual forato suo membro e qual mozzo
mostrasse, d'aequar sarebbe nulla
al modo della nona bolgia sozzo.

Già véggia, per mezzùl perdere o lulla,
com'io vidi un, così non si pertugia,
rotto dal mento infin dove si trulla;

tra le gambe pendevan le minugia;
la corata pareva e il tristo sacco
che merda fa di quel che si trangugia.

Canto XXVIII

Quem poderia mesmo em prosa impura
dizer do sangue e das chagas abertas
que eu vi e descrever tanta amargura?

Todas as línguas já se veem desertas
para o nosso discurso e em nossa mente
a ideia e a compreensão cessam, incertas.

Se se juntasse toda aquela gente
que já, por sua afortunada terra
de Apúlia, deu o seu sangue dolente

aos troianos e ainda em longa guerra
dos seus anéis fez dádiva cruenta,
como o descreve Lívio, que não erra,

com a que padeceu dor e tormenta
para enfrentar a Roberto Guiscardo,
e a outra, cuja ossada ainda ostenta

Ceprano, onde venceram com o dardo
da mentira os de Apúlia, e Tagliacozzo
onde sem armas vence o velho Alardo,

e se de cada membro o toco e o osso
se exibisse, jamais se igualaria
toda a sangueira deste nono fosso.

Tal um barril com fendas, percebi a
poucos passos alguém esquartejado
do queixo até o ânus; exibia

entre as pernas, patente, pendurado,
o rol das vísceras e o triste trato
que muda em merda tudo o que é tragado.

Mentre che tutto in lui veder m'attacco,
guardommi e con le man s'aperse il petto
dicendo: "Or vedi come io mi dilacco!

Vedi come storpiato é Maometto!
Dinanzi a me sen va piangendo Ali
fésso nel volto dal mento al ciuffetto

E tutti gli altri che tu vedi qui,
seminator di scandalo e di scisma
fûr vivi, e però son féssi cosi.

Un diavolo è qua dietro che n'accisma
sì crudelmente, al taglio della spada
rimettendo ciascun di questa risma

quando avém vòlta la dolente strada;
però che le ferite son richiuse
prima che altri dinanzi gli rivada.

Ma tu chi sei che in su lo scoglio muse,
forse per indugiar d'ire alla pena
ch'è giudicata in su le tue accuse?"

"Né morte il giunse ancor né colpa il mena,"
rispose il mio maestro, "a tormentarlo;
ma, per dar lui esperïenza piena,

a me che morto son convien menarlo
per lo Inferno quaggiù di giro in giro;
e questo è ver cosi com' io ti parlo."

Più fûr di cento che quando l'udîro
s'arrestaron nel fosso a riguardarmi,
per maraviglia oblïando il martìro.

"Or di' a fra' Dolcin dunque che s'armi,
tu che forse vedrai il Sole in breve,
s'egli non vuol qui tosto seguitarmi,

Quando ainda o contemplava estupefato,
ao ver-me, com as mãos premiu o peito,
dizendo: "Olha o meu corte, como é ingrato!

Maomé vai ali do mesmo jeito!
Adiante lá se vai chorando Ali,
troncho do queixo ao crânio, contrafeito.

E os outros mais que vês sofrendo aqui,
fazedores de escândalo e de cisma,
que eram vivos e ora em pedaços vi.

Há um demônio que conosco cisma
e cruelmente ao talho de uma espada
retalha cada um que aqui se abisma

quando completa o círculo da estrada
e o corta assim que se feche a ferida
antes que outro receba a cutilada.

Mas quem és que no escolho tens guarida,
talvez para adiares o castigo
dos crimes que fizeste em tua vida?"

"Nem morto ele ainda está, nem traz consigo
culpa", disse o meu mestre, "a atormentá-lo,
mas para que se inteire do perigo,

a mim, que morto estou, convém levá-lo
pelo Inferno sem luz de giro em giro,
e é só verdade isso que te falo."

Mais de cem, aturdidos, ao ouvir o
discurso do meu guia, a contemplar-me,
esqueceram a dor e o suspiro.

"Diz ao frade Dolcino que se arme,
– tu que verás talvez o Sol em breve –,
se não quiser de pronto acompanhar-me;

sì di vivanda che stretta di neve
non rechi la vittoria al Noarese,
che altrimenti acquistar non sarìa lieve!"

Poi che l'un piè per girsene sospese,
Maometto mi disse esta parola;
indi a partirsi in terra lo distese.

Un altro, che forata avea la gola
e tronco il naso infin sotto le ciglia
e non avea ma' che un'orecchia sola,

ristato a riguardar per maraviglia
con gli altri, innanzi agli altri, aprì la canna
ch'era di fuor d'ogni parte vermíglia,

e disse: "O tu cui colpa non condanna
e cui io vidi sù in terra latina,
se troppa simiglianza non m'inganna,

rimèmbriti di Pier da Medicina,
se mai torni a veder lo dolce piano
che da Vercelli a Marcabò dichina.

E fa' sapere ai due miglior da Fano,
a messer Guido ed anche ad Angiolello,
che, se l'antiveder qui non è vano,

gittati saran fuor di lor vasello
e mazzerati presso alla Cattòlica
per tradimento d'un tiranno fèllo.

Tra l'isola di Cipri e di Maiòlica
non vide mai sì gran fallo Nettuno,
non da pirati, non da gente argòlica.

Quel traditor che vede pur con l'uno
e tien la terra che tal è qui meco
vorrebbe di vedere esser digiuno,

cercado pela fome e pela neve,
se ao novarês não vence com a fé,
há de pagar na morte o que lhe deve!"

Soerguido, suspenso por um pé,
antes de prosseguir, cortado ao meio,
tais palavras me disse Maomé.

Outro, com a garganta sem recheio,
nariz fendido desde a sobrancelha,
que me olhava, surpreso, com anseio,

exibindo uma única orelha,
pela gorja falou mostrando a cana,
que o sangue ainda fazia mais vermelha:

"Ó tu que culpa alguma não irmana,
mas julgo vir de uma região latina,
se muita semelhança não me engana,

recorda-te de Pier de Medicina
se ainda puderes ver o doce plano
que de Vercelli a Marcabó declina.

E faz saber aos maiorais de Fano,
ao senhor Angiolello e ao senhor Guido,
a antevisão que tenho do seu dano:

serão lançados de um navio perdido
e afogados ao lado da Católica,
traição de um tirano empedernido.

Entre as ilhas de Cípre e de Maiólica
jamais Netuno viu tais crimes nem
de corsários nem de facção argólica.

O traidor, que um olho apenas tem
e manda lá onde um que tem assento
entre nós já não quer ver deste além,

farà venirli a parlamento seco;
poi farà sì che al vento di Focàra
non sarà lor mestier vóto né preco."

E io a lui: "Dimostrami e dichiara,
se, vuoi ch'io porti sù di te novella,
chi è colui dalla veduta amara."

Allor pose la mano alla mascella
d'un suo compagno e la bocca gli aperse
gridando: "Questi é desso e non favella.

Questi, scacciato, il dubitar sommerse
in Cesare, affermando che il fornito
sempre con danno l'attender sofferse."

Oh quanto mi pareva sbigottito
con la lingua tagliata nella strozza
Cùrïo che a dir fu così ardito!

E un che avea l'una e l'altra mano mozza,
levando i moncherin per l'aura fosca
sì che il sangue facea la faccia sozza,

gridò: "Ricorderàiti anche del Mosca,
che dissi, lasso, 'Capo ha cosa fatta',
che fu il mal seme per la gente tósca."

E ío gli aggiunsi: "E morte di tua schiatta!"
Per ch'egli, accumulando duol con duolo,
sen gì come persona trista e matta.

Ma io rimasi a riguardar lo stuolo
e vidi cosa ch'io avrei paura,
senza più prova, di contarla solo;

se non che coscïenza m'assicura,
la buona compagnia che l'uom francheggia
sotto l'usbergo del sentirsi pura.

vai atraí-los a um entendimento;
depois fará que o vento de Focara
não lhes dê nem sossego nem alento."

E eu a ele: "Mas antes me declara,
se a mensagem por mim queres mandá-la,
quem é esse que a pátria não encara."

Então postou a mão como um sinal à
maxila de outro e a boca lhe premia,
gritando: "É este aqui, só que não fala.

Expulso, ele insuflou a rebeldia
em César, afirmando que vencido
acaba sempre quem seu feito adia."

Ah como eu já sentia esmorecido,
com a língua cortada como escara,
Cúrio, no aconselhar tão decidido!

E alguém de quem as mãos se decepara,
alçando os cotos pela aragem fosca,
o sangue a recobrir-lhe toda a cara,

gritou: "Recorda-te também do Mosca,
que disse: 'Só não finda quem não faz'
e tanto mal levou à gente tosca."

E acrescentei: "E aos seus também desfaz!"
E assim, acumulando dor com dor,
ele se foi sem júbilo e sem paz.

Eu me quedara olhando aquele horror
quando algo vi que ainda me tortura
a lembrança, tão grande é o meu temor

de narrá-lo se, enfim, não me assegura
a hombridade que a alma se consente
na consciência de sentir-se pura.

Io vidi certo, ed ancor par ch'io il veggia,
un busto senza capo andar, sì come
andavan gli altri della trista greggia,

e il capo tronco tenea per le chiome
pésol con mano a guisa di lanterna;
e quel mirava noi e diceva: "Oh me!"

Di sé faceva a sé stesso lucerna,
ed eran due in uno e uno in due;
com'esser può, Quei sa che sì governa.

Quando diritto al piè del ponte fue,
levò il braccio alto con tutta la testa
per appressarne le parole sue,

che fûro: "Or vedi la pena molesta,
tu che spirando vai veggendo i morti;
vedi se alcuna è grande come questa!

E perché tu di me novella porti,
sappi ch' io son Bertram dal Bornio, quelli
che al re giovine diedi i ma' conforti.

Io feci il padre e il figlio in sé ribelli;
Achitofèl non fe' più d'Absalone
e di David coi malvagi pungelli.

Perch' io partii così giunte persone,
partito porto il mio cerèbro, lasso!,
dal suo principio ch'è in queto troncone.

Così s'osserva in me lo contrappasso."

É que esta minha vista, de repente,
um corpo sem cabeça descortina
andando em meio a turba, lentamente;

a cabeça cortada pela crina
pendia-lhe da mão como lanterna:
e nos olhou e disse: "Triste sina."

Servia-se a si mesmo de lucerna,
e eram duas em um e um em duas;
pode o impossível O que nos governa.

Quando, de perto, pude ouvir as suas
queixas, ergueu o braço e mais a testa
para dizer estas palavras cruas:

"Vê minha pena, quanto me é molesta;
tu que respiras no país da morte,
vê se há alguma tão grande como esta!

E para que divulgues minha sorte,
eu sou Bertran de Born, o de Provença,
que apontou ao rei jovem um mau norte.

Levei o pai e o filho à desavença;
Aquitofel ao dividir Davi
de Absalão não lhes fez maior ofensa.

Porque os próprios parentes eu parti,
partidos porto o cérebro e a fala
do seu princípio, que é este tronco aqui.

Assim a pena em mim ao crime iguala."

Do Purgatório

16 Representação do Purgatório, Canto XXVII. G. G. Macchiavelli, 1806.

Canto VI

Quando si parte il giuoco della zara,
colui che perde si riman dolente
ripetendo le volte, e tristo impara;

con l'altro se ne va tutta la gente:
qual va dinanzi e qual di retro il prende
e qual da lato gli si reca a mente;

ei non si arresta e questo e quello intende;
a cui porge la man, più non fa pressa;
e così dalla calca si difende.

Tal era io in quella turba spessa:
volgendo a loro qua e là la faccia
o promettendo mi sciogliea da essa.

Quivi era l'Aretin che dalle braccia
fiere di Ghin di Tacco ebbe la morte,
e l'altro che annegò correndo in caccia.

Quivi pregava con le mani spórte
Federigo Novello, e quel da Pisa
che fe' parer lo buon Marzucco forte.

Vidi conte Orso, e l'anima divisa
dal corpo suo per astio e per inveggia,
com'ei dicea, non per colpa commisa,

Pier della Broccia dico; e qui provveggia,
mentre è di qua, la donna di Brabante,
sì che però non sia di peggior greggia.

Come libero fui da tutte quante
quell'ombre, che pregâr pur che altri preghi
sì che si avacci lor divenir sante,

Canto VI

Quando o lance de dados os separa,
o que perdeu repete tristemente
as jogadas que antes praticara;

ao que ganhou se apega toda a gente:
ao seu lado tem sempre alguém que o prende,
uns vêm-lhe atrás, outros lhe vão à frente;

não para nunca e a este e aquele atende,
esse a que estende a mão já vai mais brando,
e assim de uns e outros se defende.

Tal eu me vi naquele espesso bando,
volteando a face em meio do tropel,
e com promessas ia-me afastando.

Lá estavam Aretino, a que o cruel
Ghin di Taco levou à dura morte,
e o outro que se afogou com seu corcel;

de mãos alçadas e com menos porte,
Federigo Novello, e esse de Pisa
que deu cabo do bom Marzucco forte.

E o conde Orso que, conforme diz a
sua história, foi morto por inveja
e por ira, mas não por culpa, frisa

Pier della Broccia, e que aqui proveja,
enquanto é tempo, a dama de Brabante,
se pena mais amarga não deseja.

Quando me vi liberto do expectante
clamor das sombras que pelo seu bem
rogavam por mais rogos, fui adiante,

io cominciai: "E' par che tu mi neghi,
o luce mia, espresso in alcun testo
che decreto del Cielo orazion pieghi,

e questa gente prega pur di questo;
sarebbe dunque loro speme vana,
o non mi è il detto tuo ben manifesto?"

Ed egli a me: "La mia scrittura è piana,
e la speranza di costor non falla,
se ben si guarda con la mente sana.

Ché cima di giudicio non si avvalla
perché fuoco d'amor cómpia in un punto
ciò che dée sodisfar chi qui si stalla;

e là dov' io fermai codesto punto
non si ammendava, per pregar, difetto
perché il prego da Dio era disgiunto.

Veramente a così alto sospetto
non ti fermar, se quella nol ti dice
che lume fia tra il vero e lo intelletto.

Non so se intendi: io dico di Beatrice;
tu la vedrai di sopra in su la vetta
di questo Monte ridere felice."

E io: "Signore, andiamo a maggior fretta,
ché già non mi affatico come dianzi,
e vedi omai che il poggio l'ombra getta."

"Noi anderem con questo giorno innanzi,"
rispose, "quanto più potremo omai;
ma il fatto è d'altra forma che non stanzi.

Prima che sii lassù tornar vedrai
colui che già si copre della costa,
sì che suoi raggi tu romper non fai.

recomeçando: "As orações não têm,
Mestre, eu o li nalgum antigo escrito
teu, eficácia sobre as leis do Além,

e quanta gente roga ao Infinito;
seria vã então essa esperança,
ou eu não entendi o que foi dito?"

E ele: "O que eu disse é claro na lembrança,
mas a fé que eles têm nunca prescreve
se olharmos com critério e temperança.

Pois o juízo maior não é mais leve
quando o fogo do amor paga em unção
o que tem de cumprir a alma que deve;

e ali onde afirmei essa questão
não se emendava, por pedir, a falta,
porque a Deus não chegava a oração.

Mas não te assalte dúvida tão alta,
enquanto a ela não leve essa que diz
entre a mente e a verdade a luz que falta.

Não sei se entendes: falo de Beatriz.
Tu a verás no cimo da Montanha
esparzindo essa luz, rindo, feliz.

E eu: "Senhor, a minha esperança ganha
mais ânimo ao que dizes; continuemos,
que a colina de sombras já se banha."

"Durante o dia inteiro vagaremos
– respondeu –, mas teu passo, por mais forte,
não faz as coisas como nós queremos.

Antes que chegues no alto é tua sorte
rever o que se põe atrás da encosta
sem que aos seus raios o teu corpo corte.

Ma vedi là un'anima che, posta
sola soletta, verso noi riguarda;
quella ne insegnerà la via più tosta."

Venimmo a lei. O anima lombarda,
come ti stavi altera e disdegnosa
e nel muover degli occhi onesta e tarda!

Ella non ci diceva alcuna cosa,
ma lasciàvane gir, solo guardando
a guisa di leon quando si posa.

Pur Virgilio si trasse a lei, pregando
che ne mostrasse la miglior salita;
e quella non rispose al suo dimando

ma di nostro paese e della vita
c'inchiese. E il dolce duca incominciava:
"Mantova..."; e l'ombra tutta in sé romita

surse vêr lui del loco ove pria stava,
dicendo: "O mantovano, io son Sordello,
della tua terra!" E l'un l'altro abbracciava.

Ahi serva Italia di dolore ostello,
nave senza nocchiere in gran tempesta,
non dona di province ma bordello!

Quell'anima gentil fu così presta,
sol per lo dolce suon della sua terra,
di fare al cittadin suo quivi festa,

e ora in te non stanno senza guerra
li vivi tuoi, e l'un l'altro si rode
di quei che un muro ed una fossa serra!

Cerca, misera, intorno dalle prode
le tue marine, e poi ti guarda in seno,
se alcuna parte in te di pace gode!

Porém, eis uma alma ali disposta
só, solitária, que nos vê e guarda,
quem sabe nos dará boa resposta."

A ela fomos. Oh! alma lombarda,
como eras altiva e desdenhosa
e no mover do olhar honesta e tarda.

Ela não nos dizia qualquer cousa;
permanecia ali, nos observando
à guisa de leão quando repousa.

Virgílio então falou-lhe, suplicando
que nos mostrasse uma qualquer saída:
não respondeu sequer a este comando,

mas do nosso país e nossa vida
quis saber. Mal o guia começava:
"Mântua..." E eis que essa alma ensombrecida

se alçou do canto onde primeiro estava
e disse: "Ó mantovano, eu sou Sordell
o da tua terra!" e um o outro abraçava.

Ah! serva Itália, albergue só de fel,
nave sem nauta em turva tempestade,
não dona de províncias mas bordel.

Assim a doce alma com bondade
só de escutar o nome de sua terra
nos demonstrou sua felicidade.

E agora lá não passam sem que a guerra
os colha, a todos, e um o outro desfaz,
os que entre muro e fossa o mundo encerra!

Olha ao entorno e busca, se te apraz,
o som das águas, e olha no teu seio,
se alguma parte em ti conhece paz!

Che val perché ti racconciasse il freno
Giustinïano, se la sella è vuota?
Senz'esso fôra la vergogna meno.

Ahi gente che dovresti esser devota
e lasciar seder Cesare in la sella,
se bene intendi ciò che Dio ti nota,

guarda com'esta fiera è fatta fèlla
per non esser corretta dagli sproni,
poi che ponesti mano alla predella!

O Alberto tedesco, che, abbandoni
costei che è fatta indòmita e selvaggia,
o dovresti inforcar li suoi arcioni,

giusto giudicio dalle stelle caggia
sopra il tuo sangue, e sia nuovo e aperto
tal che il tuo successor temenza n'aggia!

Ché avete tu e il tuo padre sofferto,
per cupidigia di costà distretti,
che il giardin dell'Imperio sia diserto.

Vieni a veder Montecchi e Cappelletti,
Monaldi e Filippeschi, uom senza cura;
color già tristi, e questi con sospetti!

Vien, crudel, vieni, e vedi la pressura
dei tuoi gentili e cura lor magagne,
e vedrai Santafior come è sicura!

Vieni a veder la tua Roma che piagne
vedova e sola, e dì e notte chiama:
"Cesare mio, perché non mi accompagne?"

Vieni a veder la gente quanto si ama!
E se nulla di noi pietà ti muove
a vergognarti vien della tua fama!

De que valeu que te pusesse um freio
Justiniano, se a sela está vazia?
Sem ele, o mal seria menos feio.

Ah, gente que, devota, deveria
dar a César o César dessa sela,
se compreendesse o que a Deus comprazia,

olha esta fera e o que foi feito dela,
por não ter tido a merecida espora,
quando já estavas prestes a contê-la!

Ó Alberto alemão, que vês de fora
esta que indômita e feroz se espraia
e que domar devias sem demora,

justo juízo das estrelas caia
em teu sangue e que seja novo e aberto,
para que quem te siga não nos traia!

Que o poder da cobiça já desperto
em ti e no teu pai não vire olvido,
nem deixe o Império o seu jardim deserto!

Vem ver Montecchi e Cappelletti e tantos
Monaldi e Fillippeschi já sem cura,
uns tristonhos, suspeitos outros quantos.

Vem, cruel, vem e vê a desmesura
dos teus mandantes, cura-lhe as mazelas
e verás Santaflor como é segura!

Vem ver a tua Roma que não velas,
viúva e só, que dia e noite clama:
"Ó meu César, por que não te rebelas?"

Vem ver a tua gente, o quanto se ama!
Mas se nem a piedade te comove,
Vem expiar aqui a tua fama!

E se licito mi è, o sommo Giove
che fosti in terra per noi crocifisso,
son li giusti occhi tuoi rivolti altrove?

O è preparazion che nell'abisso
del tuo consiglio fai, per alcun bene
in tutto dall'accorger nostro scisso?

Ché le terre d'Italia tutte piene
son di tiranni, ed un Marcel diventa
ogni villan che parteggiando viene.

Fiorenza mia, ben puoi esser contenta
di questa digression che non ti tocca,
mercé del popol tuo che sì argomenta!

Molti han giustizia in cuore, e tardi scocca
per non venir senza consiglio all'arco;
ma il popol tuo l' ha in sommo della bocca.

Molti rifiutan lo comune incarco,
ma il popol tuo sollécito risponde
senza chiamare, e grida: "Io mi sobbarco!"

Or ti fa' lieta, ché tu hai ben onde;
tu ricca, tu con pace, tu con senno!
S' io dico ver, l'effetto nol nasconde.

Atene e Lacedèmona, che fénno
le antiche leggi e furon sì civili,
fecero al viver bene un piccol cenno

verso di te, che fai tanto sottili
provvedimenti che a mezzo novembre
non giunge quel che tu d'ottobre fili.

Quante volte, del tempo che rimembre,
legge, moneta, officio e costume
hai tu mutato, e rinnovato membre!

E se posso indagar, ó sumo Jove,
que fostes entre nós crucificado,
vosso olhar justo para onde se move?

Ou é preparação que com cuidado
do alto saber fazeis para algum bem
ao nosso entendimento ainda vedado?

Que essas terras da Itália só contêm
tiranos, e um Marcello já se sente
todo vilão que a algum partido vem.

Florença minha, podes bem contente
ouvir este sermão que não te toca,
graças ao bem pensar da tua gente.

Muitos são justos mas ficam na toca,
para não vir sem meditar ao arco,
mas o teu povo tem as leis na boca.

Muitos recusam o comum encargo,
mas o teu povo, rápido, responde,
sem ser chamado: "Eu aceito o cargo!"

Alegra-te, que sabes quando e onde,
que és rica, estás em paz, e ainda tens tento.
Se eu falo claro, o efeito não se esconde.

Lacedemônia e Atenas, berço e alento
das leis antigas, que lhes eram caras,
mestras do bem-estar, ao teu talento

se curvam, já que tomas tão preclaras
providências que a meio de novembro
não chega o que em outubro conquistaras.

Quantas vezes, do tempo que me lembro,
lei e moeda, ofício e costume
mudaste, removendo membro e membro!

E se ben ti ricordi e vedi lume,
vedrai te simigliante a quella inferma
che non può trovar posa in su le piume,

ma con dar vòlta suo dolore scherma.

E se te lembras bem e se faz lume,
estás na cama como aquele enfermo
que, sem achar postura que o aprume,

revolvendo-se à sua dor põe termo.

Canto XXVI

Mentre che sì per l'orlo uno innanzi altro
ce n'andavamo, e spesso il buon maestro
diceva: "Guarda; giovi ch' io ti scaltro,"

ferìami il Sole in su l'òmero destro,
che già raggiando tutto l'occidente
mutava in bianco aspetto, di cilestro;

ed io facea con l'ombra più rovente
parer la fiamma, e pur a tanto indizio
vidi molte ombre, andando, poner mente.

Questa fu la cagion che diede inizio
loro a parlar di me; e cominciârsi
a dir. "Colui non par corpo fittizio."

Poi verso me, quanto potevan farsi,
certi si fêro, sempre con riguardo
di non uscir dove non fossero arsi.

"O tu che vai, non per esser più tardo
ma forse reverente, agli altri dopo,
rispondi a me che in sete e in fuoco ardo.

Né solo a me la tua risposta è duopo,
ché tutti questi ne hanno maggior sete
che d'acqua fredda Indo o Etïòpo.

Dinne com'è che fai di te parete
al Sol, pur come tu non fossi ancora
di morte entrato dentro dalla rete."

Sì mi parlava un d'essi, e io mi fôra
già manifesto s'io non fossi atesso
ad altra novità che apparse allora;

Canto XXVI

Íamos pela margem um bem perto
do outro, e eis que o mestre, contrafeito,
dizia-me: "Olha e vê porque te alerto."

O Sol já me feria o ombro direito
e rebrilhando em todo o Ocidente
mudava em branco aquele azul perfeito,

e eu com a minha sombra mais ardente
fazia parecer a chama; indício
que a muitas sombras fez mover a mente.

Esta foi a razão que deu início
a uma conversação; pois uma clama:
"Este não há de ser corpo fictício."

E logo andando para mim, exclama
outra, entre muitas, sempre com resguardo
de não sair do círculo de flama:

"Ó tu que lentamente, sem ser tardo,
mas reverente aos outros, vais seguindo,
responde-me, que em sede e fogo ardo.

Não só a mim teu falar será bem-vindo,
mas àqueles que sentem maior sede
que de água fria o Etíope e o Indo.

Diz-nos como te fazes de parede
ao Sol, como quem não se contagia
de Morte, ou não passou por sua rede."

Assim me disse a sombra e eu teria
já respondido, não ficasse preso
de outro evento que já me aparecia;

ché per lo mezzo del cammino acceso
venne gente col viso incontro a questa,
la qual mi fece a rimirar sospeso.

Lì veggio d'ogni parte farsi presta
ciascun'ombra e baciarsi una con una
senza restar, contente a breve festa.

Così per entro loro schiera bruna
s'ammusa l'una con l'altra formica,
forse a spïar lor via e lor fortuna.

Tosto che parton l'accoglienza amica,
prima che il primo lì transcorra,
sopraggridar ciascuna s'affatica

la nuova gente: "Sòddoma e Gomorra!";
e l'altra: "Nella vacca entra Pasìfe
perché il torello a sua lussuria corra!"

Poi, come gru che alle montagne Rife
volasser parte e parte invêr le arene,
queste del gel, quelle del sole schife,

l'una gente sen va, l'altra sen viene;
e tornan lagrimando ai primi canti
ed al gridar che più lor si conviene.

E raccòstansi a me, come davanti,
essi medesmi che m'avean pregato,
attenti ad ascoltar nei lor sembianti.

Io, che due volte avea visto lor grato,
incominciai: "O anime sicure
d'aver, quando che sia, di pace stato,

non son rimase acerbe né mature
le membra mie di là, ma son qui meco
col sangue suo e con le sue giunture.

é que no meio do caminho aceso
uma outra gente veio para esta,
que me deixou a contemplar, surpreso.

Toda essa gente junta já se apresta,
cada sombra a beijar a que defronta
sem parar, como em breve e alegre festa.

Assim, numa fileira escura e tonta
se diverte uma com outra formiga
como a indagar seu rumo e sua conta.

Logo que sentem a acolhida amiga,
e antes que um passo apenas lhes transcorra,
a esbravejar cada uma se afadiga

com nova gente: "Sodoma e Gomorra!";
"É Pasífae em vaca se inserindo
para que o touro à luxúria acorra!".

E como grous que da montanha vindo
voassem um a um para o deserto,
uns da geleira outros do sol fugindo,

as sombras vão e vêm, em voo incerto,
e voltam lacrimando ao canto antigo
ou aos gritos que é o que lhes cai mais certo.

E eis de novo ajuntando-se comigo
as mesmas que me haviam inquirido,
atentas a escutar tudo o que digo.

Eu, que já ouvira tanto o seu pedido,
comecei a dizer: "Ó almas seguras
de que um dia na paz tereis vivido,

não ficaram nem jovens nem maduras
as minhas carnes; não me desapego
do seu sangue e das suas ossaturas.

Quinci sù vo per non esser più cieco;
donna è di sopra che mi acquista grazia,
per che il mortal per vostro mondo reco.

Ma se la vostra maggior voglia sazia
tosto divegna, sì che il Ciel vi alberghi
che è pien d'amore e più ampio si spazia,

ditemi, acciò che ancor carte ne verghi,
chi siete voi e chi è quella turba
che se ne va di retro ai vostri terghi."

Non altrimenti stupido si turba
lo montanaro e rimirando ammuta
quando rozzo e selvatico s'inurba,

che ciascun'ombra fece in sua paruta;
ma poi che furon di stupore scarche,
lo qual negli alti cuor tosto si attuta,

"Beato te, che delle nostre marche,"
ricominciò colei che pria m' inchiese,
"per viver meglio esperïenza imbarche!

La gente che non vien con noi offese
di ciò per che già Cesar, trïonfando,
regina contro sé chiamar s'intese;

però si parton 'Sòddoma' gridando,
rimproverando a sé com' hai udito
ed aiutan l'arsura vergognando.

Nostro peccato fu ermafrodito;
ma perché non servammo umana legge
seguendo come bestie l'appetito,

in obbrobio di noi per noi si legge,
quando partiamci, il nome di colei
che s'imbestiò nelle imbestiate schegge.

Caminho para não ficar mais cego.
Uma mulher me deu do alto o favor
e assim, mortal, eu mesmo me carrego

por vosso mundo. Mas que o vosso ardor
logo se vá, para que o Céu vos tenha
que é mais extenso e mais pleno de amor.

Dizei-me, para que eu tudo retenha,
quem sois vós e quem é aquela turba
que em direção contrária se despenha."

Assim como aturdido se perturba
o montanhês que cala de pavor
quando tosco e selvático se inurba,

assim as sombras perderam a cor
quando me ouviram, mas já controlado
o espanto, recobraram seu vigor.

"Salve quem vem ao nosso triste lado",
começou outra vez a mesma voz
"para chegar a um superior estado!

Essas que vês opostas contra nós
pecaram disso que a César triunfando
fez chamar de 'rainha' logo após;

acusam-se, 'Sodoma!', e esbravejando,
reprovam a si mesmas com a grita,
sua vergonha à chama acrescentando.

Nosso pecado foi hermafrodita;
mas já que à lei humana sem empenho
faltamos, servos de paixão maldita,

vergonhoso proclama o nosso cenho,
quando nos vamos, o nome daquela
que se embestou no embestiado lenho.

Or sai nostri atti e di che fummo rei;
se forse a nome vuoi saper chi sémo,
tempo non è di dire e non saprei.

Farotti ben di me volere scemo;
son Guido Guinizelli, e già mi purgo
per ben dolermi prima che allo stremo."

Quali nella tristizia di Licurgo
si fêr due figli a riveder la madre,
tal mi fec' io (ma non a tanto insurgo)

quand' io odo nomar sé stesso il padre
mio e degli altri miei miglior, che mai
rime d'amore usâr dolci e leggiadre;

e senza udire e dir pensoso andai
lunga fiata rimirando lui,
né per lo fuoco in là più mi appressai.

Poi che di riguardar pasciuto fui,
tutto mi offersi pronto al suo servigio
con l'affermar che fa credere altrui.

Ed egli a me: "Tu lasci tal vestigio,
per quel ch'io odo, in me e tanto chiaro,
che Letè nol può tôrre né far bigio.

Ma se le tue parole or ver giurâro,
dimmi che è cagion per che dimostri
nel dire e nel guardare avermi caro."

E io a lui: "Li dolci detti vostri
che, quanto durerà l'uso moderno,
faranno cari ancora i loro inchiostri."

"O frate," disse, "questi ch'io ti cerno
col dito," e additò un spirto innanzi,
fu miglior fabbro del parlar materno.

A nossa culpa assim já se revela.
Se queres saber mais, será baldado.
Não sei dizer mais nada a quem me apela.

Mas saberás meu nome e meu passado.
Sou Guido Guinizelli e neste canto
vou-me doendo antes de ser chamado."

Frente à dor de Licurgo ainda em pranto,
como os filhos à mãe que lhes restara,
quis me chegar (mas não cheguei a tanto),

reconhecendo um pai no que falara,
aos mais doutos e a mim o que sem par
cantou o amor com língua doce e cara;

sem falar, sem ouvir, nesse lugar
por longo tempo olhei-o com ternura
e nem o fogo pôde me apressar.

Depois de tanto olhar a criatura
manifestei-lhe a minha acolhida
da forma a mais cabal e a mais segura.

E ele: "Tu me transmites tanta vida,
tudo o que ouço é para mim tão claro
que nem o Letes o apaga ou olvida.

Mas se a verdade em tua voz deparo
diz-me por que com tanto amor me fitas,
e em dizer e em olhar te sou tão caro."

E eu: "É a doce poesia em que meditas
e que, enquanto a linguagem for moderna,
viverá em tuas páginas escritas."

"Irmão", me disse, "quem ali se interna",
e apontou uma sombra à sua frente,
"foi o artesão maior da voz materna.

Versi d'amore e prose di romanzi
soverchiò tutti; e lascia dir gli stolti
che quel di Lemosì credon che avanzi.

A voce più che al ver drizzan li volti,
e così ferman sua opinïone
prima che arte o ragion per lor si ascolti.

Così fêr molti antichi di Guittone,
di grido in grido pur luí dando pregio,
fin che l'ha vinto, il ver con piú persone.

Or, se tu hai sì ampio privilegio
che lìcito ti sia l'andare al chiostro
nel quale è Cristo abate del collegio,

fàgli per me un dir di paternostro
quanto bisogna a noi di questo mondo,
dove poter peccar non è più nostro."

Poi, forse per dar luogo altrui secondo,
che presso avea, disparve per lo fuoco
come per l'acqua il pesce andando al fondo.

Io mi feci al mostrato innanzi un poco,
e dissi che al suo nome il mio disire
apparecchiava grazïoso loco.

Ei cominciò liberamente a dire:
*"Tan m'abellis vostre cortés demàn
qu'ieu no me puèsc ni voill a vos cobrire.*

*Ieu sui Arnàut, que plor e vau cantàn;
consiros vei la passada folor,
e vei jausén lo joi, qu'espér, denàn.*

*Ara vos prec, per aquella valor
que vos guida al som de l'escalina:
sovènha vos a temps de ma dolor!"*

Poi si ascose nel fuoco che li affina.

Versos de amor, romance, a toda gente
suplantou; não importa o julgamento
dos que acham Giraut mais eminente.

À fama e não à forma eles dão tento.
Assim os tolos forjam seu apreço
sem que outra razão lhes dê sustento.

Fez-se assim com Guittone no começo,
de grito em grito foi valorizado
até que um dia vissem o seu preço.

Porém se o teu valor é tão prezado
que podes visitar a magna sede
onde Cristo preside o colegiado,

ora por nós um padre-nosso e pede
tanto quanto convém a este mundo
onde poder pecar não se concede."

Depois, cedendo espaço a um segundo
espírito, sumiu no fogo ardente
como um peixe no mar buscando o fundo.

Cheguei-me ao trovador e suavemente
lhe disse que o seu nome em patamar
muito alto residia em minha mente.

De bom grado ele então pôs-se a falar:
"*Esse doce dizer me agrada tanto
que eu não posso nem devo me ocultar:*

*Eu sou Arnaut, que choro e vou cantando.
Choro a fúria de outrora, sem furor,
e o prazer do porvir sigo esperando.*

*E ora vos rogo, por esse valor
que o mais alto da escada vos ensina,
relembrai para sempre a minha dor!*".

E se apagou no fogo que os refina.

Soneto para Beatriz

17 Beatriz e Dante em desenho de Botticelli (detalhe).

Tanto gentile e tanto onesta pare

Tanto gentile e tanto onesta pare
la donna mia quand'ella altrui saluta,
ch'ogne lingua deven tremando muta,
e li occhi no l'ardiscon di guardare.

Ella si va, sentendosi laudare,
benignamente d'umiltà vestuta;
e par che sia una cosa venuta
da cielo in terra a miracol mostrare.

Mostrasi sì piacente a chi la mira,
che dà per li occhi una dolcezza al core,
che 'ntender no la può chi no la prova:

e par che de la sua labbia si mova
un spirito soave pien d'amore
che va dicendo a l'anima: Sospira.

É tão gentil, é tão honesto o olhar

É tão gentil, é tão honesto o olhar
de minha dama quando a alguém saúda
que toda língua treme e fica muda
e os olhos não a ousam contemplar.

Ela se vai, sentindo-se louvar,
benignamente em singelez vestida,
como se fora coisa remetida
do céu para um milagre nos mostrar.

Mostra tanto prazer a quem a mira,
que dá, através dos olhos, um dulçor
que não pode entender quem não o prove,

e de seus lábios como que se move
um espírito suave, todo amor,
que vai dizendo ao coração: suspira.

18 Da edição das *Rime* de Guido Cavalcanti, Florença, 1813, contendo imagem do poeta por Francesco Inghirami.

Guido Cavalcanti

SÍLABAS DE SOL

O idioma é tão belo que Byron chegou a comparar com ele, desfavoravelmente, a própria língua inglesa, nos versos famosos de *Beppo*:

> *I love the language, that soft bastard Latin,*
> *   Which melts like kisses from a female mouth,*
> *And sounds as if it should be writ on satin,*
> *   With syllables which breathe of the sweet South,*
> *And gentle liquids gliding all so pat in,*
> *   That not a single accent seems uncouth, –*
> *Like our harsh northern whistling, grunting guttural,*
> *Which we're obliged to hiss, and spit, and sputter all.*

> Amo a língua bastarda, lânguido latim,
>   Que solve como um beijo em lábios de mulher
> E soa como se lavrada no cetim,
>   Com sílabas de sol e Sul a quem souber,
> Um líquido rolar de som e olor sem fim
>   Que não exibe a mais um acento sequer
> À nossa gutural, rude língua que ringe
> E faz cuspir, grunhir das grotas da laringe.

    São Paulo é uma cidade semi-italiana. Tão grande foi a impregnação da cultura e da língua dos imigrantes do começo do século que até a pronúncia e a sintaxe do paulista, e do paulistano em especial, se modificaram para assimilar um pouco do *cantabile* italiano. Dos meus companheiros das lides heroicas do grupo concretista, nos anos 50, vários eram descendentes de italianos: o poeta Décio Pignatari, os músicos Damiano Cozzella e Julio Medaglia, os pintores Hermelindo Fiaminghi e Luiz Sacilotto, Geraldo de Barros e Waldemar Cordeiro (este, nascido em Roma), sem falar no patrono de todos, Alfredo Volpi, o maior pintor brasileiro, nascido em Lucca, e ao que se saiba nunca naturalizado. Os concretistas assimilaram as pesquisas das vanguardas construtivistas e, inclusive, dos futuristas italianos mais radicais, dos quais a 2.ª Bienal de 1953 trouxera alguns exemplos expressivos. Acima de todos, Giacomo Balla. Desde cedo Giotto e os mestres do *Quattrocento* foram entronizados entre os nossos deuses. Guiava-nos o poeta Ezra Pound, que, em seus ensaios não convencionais e na enciclopédia poética dos seus Cantos, ia mapeando, num grande ideograma crítico, os "lugares sagrados" da arte italiana, como a igreja de San Zeno e a arena de Verona, Santa Maria dei Miracoli em Veneza ou o mausoléu de Galla Placidia, em Ravena.

Meu primeiro livro de poemas, *O Rei Menos o Reino* (1951), recebido com simpatia por Patrícia Galvão (Pagu) em crônica publicada no jornal ítalo-paulistano *Fanfulla*, ostentava a epígrafe dantesca "queste parole di colore oscuro". A literatura italiana antiga e moderna foi sendo visitada por Pignatari, por Haroldo de Campos e por mim, especialmente através da velha Loja do Livro Italiano da Rua Barão de Itapetininga, onde, no pós-guerra, adquiríamos preciosidades encalhadas como os livros de poesia moderna da coleção "Lo Specchio", da Mondadori. Interessou-me muito, também, a música italiana. A de Gesualdo, o madrigalista dissonante, que cheguei a incorporar numa citação do Livro VI ao meu poema "Viventes e Vampiros". A dos contemporâneos Giacinto Scelsi e Luigi Nono, dois radicais da vanguarda musical, aos quais dediquei estudos alentados. A música napolitana, relida pela interpretação sóbria e precisa de Roberto Murolo, que também foi objeto de um pequeno ensaio.

Aí estão alguns dos muitos laços que me prendem à cultura italiana. Impossível fugir ao fascínio da sua grande literatura, ainda mais no meu ofício de poeta. Foi esse fascínio que me levou a intentar a tradução de textos de autores como Dante e Marino, Belli e os modernos Montale e Sinisgalli. Por outro lado, o idioma é tão belo (e até certo ponto tão próximo) que a conversão para o português se afigura às vezes um *tour de force* inútil, parecendo frustrar as mais secretas aspirações do tradutor de emular-se com o original ou "melhorá-lo"... Mas, quando feita com rigor e sensibilidade, a tradução, além de um ato de amor, é sempre uma operação crítica apreciável pelo que enseja de aproximação molecular do texto.

Guido Cavalcanti (c. 1250-1300), o contemporâneo de Dante (1265-1321) cuja modernidade foi exaltada por Pound com um ensaio famoso, numerosas traduções e uma edição crítica, recebeu no Brasil a bela homenagem de Haroldo com a recriação de duas baladas, *Donna Mi Prega* e

Perch' i' no spero di tornar giammai, e de um soneto, *Vedesti al mio parere ogni valore*. Presto, também eu, aqui, o meu tributo ao *dolce stil nuovo* do poeta com três traduções: a da balada *Quando di morte mi conven trar vita*, que teve uma de suas linhas ("formando di disio nova persona") engastada no pórtico do Canto 27 de Ezra Pound; e a dos sonetos, *Per gli occhi fiere un spirito sottile* (um dos mais expressivos da visão metafísica do amor de Cavalcanti, esteticamente notável pela inusitada repetição da palavra "spirito" em todas as suas linhas) e *Chi è questa che vien, ch'ogni uom la mira*, do qual Pound destacou a magnífica linha "che fa di claritá l'aer tremare" (sobrepondo esta leitura, com seu alto critério estético, a variantes como "che fa di claritá tremer l'aer"). Faço acompanhar este último soneto do outro, mais famoso, de Dante, que com ele tem mais de uma afinidade: *Tanto gentile e tanto onesta pare*, da *Vita Nuova*.* Se Dante sabiamente desloca para o fecho final aquele "sospira", erigido em palavra-suma, que parece tudo compendiar num só vocábulo, a linha de Cavalcanti ainda hoje nos faz tremer de amor e de arte com as isomórficas reverberações vocálicas que encantaram o ouvido sensibilíssimo de Pound, fazendo com que o soneto sustente o amigável cotejo com brilho e grandeza.

O meu trabalho, como o de Haroldo, segue os preceitos da tradução criativa – "tradução-arte", como gosto de chamá-la, "transcriação", como ele prefere. Isto é, uma tradução que procura transpor para a língua receptora não só o sentido mas a riqueza dos valores formais (ritmos, rimas, assonâncias, aliterações, paronomásias, metáforas etc.) e a poeticidade do texto original. No caso da balada de Cavalcanti, permiti-me uma inovação: as rimas ricas terminadas em "vida", mantidas em todas as estrofes; embora só adotadas uma vez no original, elas intensificam o texto, entretecendo o obsessivo jogo de antíteses com "morte" que o caracteriza, e me parecem autorizadas pelo virtuosismo do poeta; no mesmo espírito, as rimas "mortal / amor tal", na derradeira estrofe.

Valham, também, essas traduções como um signo do meu reconhecimento à cultura italiana e da minha lembrança de deslumbradas visitas a Veneza, Roma, Florença, Milão, Nápoles, Assis, Ravena, Verona, Merano... *Dentro lo cor si posa*.

---

* N. dos E.: Nesta edição, antecipamos o soneto dedicado a Beatriz para o mesmo capítulo em que se encontram os Cantos, a fim de manter juntas as traduções de Dante.

Ballata

      Quando di morte mi conven trar vita
e di pesanza gioia,
come di tanta noia
lo spirito d'amor d'amar m'invita?

      Come m'invita lo meo cor d'amare,
lasso, ch'è pien di doglia
e di sospir' sì d'ogni parte priso,
      che quasi sol merzé non pò chiamare,
e di vertù lo spoglia
l'afanno che m'ha già quasi conquiso?
      Canto, piacere, beninanza e riso
me'n son dogli' e sospiri:
guardi ciascuno e miri
che Morte m'è nel viso già salita!

      Amor, che nasce di simil piacere,
dentro lo cor si posa
formando di disio nova persona;
      ma fa la sua virtù in vizio cadere,
si ch'amar già non osa
qual sente come servir guiderdona.
      Dunque d'amar perché meco ragiona?
Credo sol perché vede
ch'io domando mercede
a Morte, ch'a ciascun dolor m'adita.

      I' mi posso blasmar di gran pesanza
più che nessun giammai:
ché Morte d'entro 'l cor me tragge un core
      che va parlando di crudele amanza,
che ne' mie' forti guai
m'affana là ond'i' prendo ogni valore.
      Quel Punto maladetto, sia ch'Amore
nacque di tal manera
che la mia vita fera
li fue, di tal piacere, a lui gradita.

Balada

Quando da morte devo tirar vida
e do pesar prazer,
o que me vem fazer
Amor que em tanta dor a amar convida?

    Como convida o coração a amar,
ah, tão cheio de dor
e de suspiros tão tomado,
    que já nem compaixão pode clamar
e perdeu toda a cor
pelo mal que me tem já conquistado?
    Canto, prazer, serenidade, agrado
me são dor e desgosto:
é só ver em meu rosto
que a Morte à minha face é devolvida!

    Amor, que no prazer se vê nascer,
no coração repousa,
formando de desejo outra pessoa,
    mas seu poder faz logo perecer,
e amar já não mais ousa
quem sabe como o Amor o galardoa.
    Por que a amar ainda se afeiçoa?
É só porque ele vê
que eu já peço mercê
à Morte que com mais dor me revida.

    Eu devo lamentar meu sofrimento
mais que qualquer mortal:
que a Morte no meu coração foi pôr
    um coração que só me dá tormento
feito de um amor tal
que dói lá onde eu tenho o meu valor.
    Esse local maldito, onde o Amor
de tal modo consiste
que a minha vida triste
lhe é fonte de alegria não devida.

Per gli occhi fere un spirito sottile

Per gli occhi fere un spirito sottile,
che fa in la mente spirito destare,
dal qual si muove spirito d'amare,
ch'ogn' altro spiritello fa gentile.

Sentir non può di lui spirito vile,
di contanta virtú spirito appare.
Questo è lo spiritel, che fa tremare
lo spiritel che fa la donna umile.

E poi da questo spirito si move
un altro dolce spirito soave,
che segue un spiritello di mercede.

Lo quale spiritel spiriti piove,
che di ciacuno spirit' ha la chiave,
per forza d'uno spirito, che 'l vede.

Pelo olhar fere o espírito sutil

Pelo olhar fere o espírito sutil
que faz na mente o espírito acordar,
do qual se move o espírito de amar
que faz todo outro espírito servil.

Não o descobrirá espírito vil,
tal é o dom deste espírito sem par,
espírito que faz tremer o ar
do espírito que faz dama gentil.

E deste mesmo espírito se move
um outro doce espírito suave,
que um espírito segue de mercê.

O qual espírito espíritos chove
e dos espíritos conhece a chave,
por força de um espírito, que vê.

Chi è questa che vien, ch'ogni uom la mira

Chi è questa che vien, ch'ogni uom la mira,
che fa di clarità l'aer tremare,
e mena seco Amor, sì che parlare
null' uom ne puote, ma ciascun sospira?

Ahi, Dio, che sembra quando li occhi gira?
Dicalo Amor, ch'io nol saprei contare:
cotanto d'umiltà donna mi pare,
che ciascun'altra in ver' di lei chiam'ira.

Non si potria contar la sua piacenza,
ch'a lei s'inchina ogni gentil virtute,
e la beltate per sua Dea la mostra.

Non fu si alta già la mente nostra,
e non si è posta in noi tanta salute,
che propriamente n'abbiam conoscenza.

Quem é esta a que toda gente admira

Quem é esta a que toda gente admira,
que faz de claridade o ar tremular,
com tanto amor, e deixa sem falar,
e cada um por ela só suspira?

Ah, Deus, como ela é, quando nos mira?
Que diga Amor, eu não o sei contar.
De tal modéstia é feito o seu olhar,
que às outras todas faz que eu chame de ira.

Nem sei dizer do seu merecimento.
Toda virtude a ela está rendida,
beleza a tem por Deusa e assim a exalta.

A nossa mente nunca foi tão alta,
nem há ninguém que tenha tanta vida
para alcançar um tal conhecimento.

Bibliografia e discografia consultadas

EDIÇÕES CRÍTICAS DE ARNAUT DANIEL E RAIMBAUT D'AURENGA

ARNAUT DANIEL

CANELLO, U. A. *La vita e le opere del trovatore Arnaldo Daniello*: edizione critica, corredata delle varianti di tutti i manoscritti, d'un'introduzione storico-letteraria e di versione, note, rimario e glossario. Halle: Max Niemeyer Editore, 1881.

LAVAUD, René. *Les poésies d'Arnaut Daniel*: réédition critique d'après Canello, avec traduction française et notes, suivie d'éclaircissements et d'un fac-simile musical transcrit en notation moderne (réimpression de l'édition de Toulouse-Périgueux, 1910). Genebra: Slatkine Reprints, 1973.

TOJA, Gianluigi. *Arnaut Daniel, canzoni*: edizione critica, studo introduttivo, commento e traduzione. Prefazione di Gianfranco Contini. Florença: Sansoni, 1960.

PERUGI, Maurizio. *Le canzoni di Arnaut Daniel*. Milão-Nápoles: "Documenti di Filologia 22", Riccardo Ricciardi, 1978.

WILHELM, James J. *The Poetry of Arnaut Daniel*. Nova York e Londres: Garland Publishing, Inc., 1981.

EUSEBI, Mario. *Arnaut Daniel: il serventese e le canzoni*. Milão: All'insegna del Pesce d'Oro, 1984.

RIQUER, Martín de. *Arnaut Daniel*: poesías. Barcelona: Alcantilado, 2004.

RAIMBAUT D'AURENGA

PATTISON, Walter T. *The Life and Works of the Troubadour Raimbaut d'Aurenga*. Minneapolis: The University of Minnesota Press, 1952.

BIBLIOGRAFIA GERAL

ANGLADE, Joseph. *Les poésies de Peire Vidal*. Paris: Librairie Ancienne Honoré Champion, Éditeur, 1923.

APPEL, Carl. *Raimbaut d'Orange* (réimpression de l'édition de Berlin, 1928). Genebra: Slatkine Reprints, 1973.

_____. *Bertran von Born* (réimpression de l'édition de Halle, 1931). Genebra: Slatkine Reprints, 1973.

BANDINI, Fernando. *Arnaut Daniel*: sirventese e canzoni [versão literal das 18 canções]. Comentários de Giosuè Lachin. Turim: Einaudi, 2002.

BEC, Pierre. *Nouvelle anthologie de la lyrique occitane du Moyen Âge*: initiation à la langue et à la poésie des troubadours. Avinhão: Aubanel (2ème édition), 1972.

_____. *Anthologie des Troubadours* (avec la collaboration de Gérard Gonfroy et de Gérard Le Vot). Série "Bibliothèque médiévale", dirigée par Paul Zumthor. Paris: Union Générale d'Éditions, 1979.

BOGIN, Meg. *Les Femmes Troubadours* (The Women Troubadours), traduit de l'américain par Jeanne Faure-Cousin avec la collaboration d' Anne Richou, suivi de poèmes traduits de la langue d'oc par J. Faure-Cousin. Paris: Denoël/Gonthier, 1979.

BRIFFAULT, Robert. *Les Troubadours et le sentiment romanesque*. Paris: Éditions du Chêne, 1945.

CAMPOS, Augusto de. *Verso reverso controverso*. São Paulo: Perspectiva, 1978 (2. ed. revista, 1988).

CAPELLI, Roberta. *Carte Provenzali*: Ezra Pound e la cultura trobadorica (1905-1915) Roma: Carocci, 2013.

CHARLES-ROUX, J. *Des Troubadours à Mistral* (Projet d'iconographie provençal). Avinhão: François Seguin, 1917.

CUENCA, Luis Alberto de; ELVIRA, Miguel Angel. *Guillermo IX Duque de Aquitania y Jaufre Rudel*: canciones completas. Edição bilíngue. Madri: Editora Nacional, 1978.

CURTIUS, Ernst Robert. *Literatura europeia e Idade Média Latina* (Europäische Literatur und Lateinisches Mittelalter). Tradução de Teodoro Cabral com a colaboração de Paulo Rónai. Rio de Janeiro: Instituto Nacional do Livro, 1957.

DEJEANNE, J. M. L. *Poésies complètes du Troubadour Marcabru*, publiées avec traduction, notes et glossaire. Toulouse: "Bibliothèque Méridionale", 1ère série, tome XII, 1909 (Johnson Reprint Corporation, 1971).

D'HERDE-Heiliger. *Répertoire des traductions des œuvres lyriques des Troubadours des XIe au XIIIe Siecle*. Béziers: Centre International de Documentation Occitane, e Liège, Institut Provincial d'Études et de Recherches Bibliotéconomiques, 1985.

DRONKE, Peter. *La Lírica en la Edad Media* (The Mediaeval Lyric). Tradução de Josep M. Pujol. Barcelona: Seix Barral, 1978.

FALBEL, Nachman. *Heresias medievais*. São Paulo: Perspectiva, 1977.

GALVEZ, Marina, *Song Book:* How Lyrics Became Poetry in Mediaeval Europe. Chicago & London: The University of Chicago Press, 2012.

GIRAUDON, Liliane; ROUBAUD, Jacques (Orgs). *Les Trobairitz:* Les femmes dans la lyrique occitane. Revista *Action Poétique*, n. 75. Paris: 1978.

GOLDIN, Frederick. *Lyrics of the Troubadours and Trouvères:* an Anthology and a History. York: Anchor Press, 1973.

GROVER, Philip (Org.). *Ezra Pound et les Troubadours*. Vários autores, participantes do Colloque de Brantôme en Périgord, 1995. Gardonne: Éditions Fédérop, 2000.

HILL, Raymond Thompson; BERGIN, Thomas Goddard. *Anthology of the Provençal Troubadours*: texts, notes and vocabulary. New Haven: Yale Press University, 1941.

HOEPFFNER, Ernest. *Le Troubadour Peire Vidal*: sa vie et son oeuvre. Paris: Societé d'Editions, Les Belles Lettres, 1961.

HOWER, Alfred. O mistério da palavra Noigandres – resolvido?. *Discurso*, [S. l.], n. 8, p. 160-168, 1978. Disponível em: https://www.revistas.usp.br/discurso/article/view/37841. Acesso em: 9 mar. 2021. São Paulo: Hucitec, maio de 1978.

JEANROY, Alfred. *Les chansons de Guillaume IX, Duc d'Aquitaine*. Paris: Librairie Ancienne Édouard Champion Éditeur, 1927.

KENNER, Hugh. *The Pound Era*. Londres: Faber & Faber, 1971.

LANGFORS, Arthur. *Les chansons de Guilhem de Cabestanh*. Paris: Librairie Ancienne Édouard Champion Éditeur, 1924.

LAPA, M. Rodrigues. *Lições de Literatura portuguesa*: época medieval. Coimbra: Coimbra Editora Ltda. (9. ed., revista e acrescentada), 1977.

LOI, Raimon de. *Trails of the Troubadours*. Nova York/Londres: Dennikat Press, 1970 (1. ed., 1927).

MAKIN, Peter. *Provence and Pound*. Berkeley and Los Angeles: University of California Press, 1978.
MARONE, Gherardo. *Trovadores y juglares*: antología de textos medievales con traducción, comentarios y glosario. Buenos Aires: UBA, 1948.
MARROU, Henri-Irénée (pseudônimo: Davenson, Henri). *Les troubadours*. Paris: Édition du Seuil, 1971.
MCDOUGAL, Stuart Y. *Ezra Pound and the Troubadour Tradition*. Princeton, New Jersey: Princeton University Press, 1974.
NICHOLS Jr., Stephen G. "Lo Pound si fo de l'Amerique". *Ezra Pound*. Vol. II. Les Cahiers de l'Herne. Paris: Éditions de l'Herne, 1965.
POUND, Ezra. *The Spirit of Romance*. Londres: Peter Owen Ltd (first published 1910) completely revised edition, 1952.
_____. *Literary Essays*. Capítulos "Troubadours: their sorts and conditions" (1913) e "Arnaut Daniel" (1920). Londres: Faber & Faber, 1958.
_____. *The Translations*. Capítulo "Arnaut Daniel Poems" (*Umbra and Instigations*, 1920). Londres: Faber & Faber, 1953.
_____. *ABC of Reading*. Londres: George Routledge & Sons Ltd, 1934. Edição brasileira: *ABC de literatura*. Tradução de Augusto de Campos e José Paulo Paes. São Paulo: Cultrix, 1970.
_____. *The Cantos*. [Numerosas referências aos trovadores – ref. a Arnaut Daniel nos Cantos IV, VI, VII, XX e XXIX, a partir de *Three Cantos*, 1917]
_____. *A Walking Tour in Southern France*: Ezra Pound among the Troubadours. Organização e introdução de Richard Sieburth. Nova York: New Directions, 1992.
_____. *Poems & Translation*. Organização de Richard Sieburth. Contém as 16 canções de Arnaut, com variantes, traduzidas por Pound. New York: The Library of America, 2003.
RIOT, Claude, *Chants et instruments:* trouveurs et jongleurs au Moyen Âge. Rempart. Paris: 1995.
RIQUER, Martín de. *Los trovadores*: historia literaria y textos (3v.). Barcelona: Editorial Planeta, 1975.
ROUBAUD, Jacques. *Les troubadours*: anthologie bilingue. Paris: Seghers, 1980.
SPINA, Segismundo. *A lírica trovadoresca*: estudo, antologia e glossário. 2. ed., Rio de Janeiro/São Paulo: Grifo/Edusp, 1972. 3. ed., refundida e aumentada. São Paulo: Edusp, 1991.
_____. *Da Idade Média e outras idades*. São Paulo: Conselho Estadual de Cultura, Comissão de Cultura, 1964.
TOPSFIELD, L. T. *Troubadours and love*. Cambridge: Cambridge University Press, 1975.
VALERI, Diego. *Antichi poeti provenzali*. Milão: Vanni Scheiwiller, 1960.
WILHELM, James J. *The Cult of the Difficult in Daniel, Dante and Pound*. Orono, Maine: National Poetry Foundation, University of Maine, 1982.
_____. *Ezra Pound in London and Paris 1908-1925*. Filadélfia: The Pennsylvania State University Press, 1990.

SOBRE A LÍNGUA

ANGLADE, Joseph. *Grammaire de l'ancien provençal ou ancienne langue d'Oc*: phonetique et morphologie. Paris: Librairie C. Klincksieck, 1921.
BEC, Pierre. *La langue occitane*. 4. ed. Paris: Presses Universitaires de France, 1978.
LEVY, Emil. *Provenzalisches Supplement-Wörterbuch:* Berichtigungen und ergänzungen zu Rayonouards Lexique roman. Lípsia: 1894-1924.

LEVY, Emil. *Petit dictionnaire Provençal-Français*. 5. ed. Heidelberg: Carl Winter, Universitätsverlag (5ème edition), 1973.
RAYNOUARD, M. *Lexique Roman, ou dictionnaire de la langue des troubadours*. Réimpression de l'édition de Paris, 1844. Genebra: 1976-77.

SOBRE A MÚSICA

BECK, M. J. Commentaire et Transcription de la Sextine. In: LAVAUD, René. *Les poèsies d'Arnaut Daniel*, 1910.
BEDFORD, Agnes; POUND, Ezra. *Five Troubadour Songs*, with the original Provençal words and English words adapted from Chaucer [by Ezra Pound], arranged by Agnes Bedford; poem by Ezra Pound/William Atheling (pseudônimo de EP). Londres: Boosey&Co, 1920.
GENNRICH, F. *Anthology of music*: troubadours, trouvères, minnesang and meistersang. A collection of complete examples illustrating the history of music. Edited by K. G. Fellerer. Köln: Arno Volk Verlag, 1960.
MONTEROSSO, Raffaello. *Musica e ritmica dei trovatori*. Milão: Dott. A. Giuffrè Editore, 1956.
RESTORI, Antonio. "Per la storia musicale dei trovatori provenzali", apunti e note. Turim: *Rivista Musicale Italiana*, fasc. I, 1895.
RUMMEL, W. Morse (1912) Hesternae Rosae – Serta II – *Neuf Chansons des Troubadours des XII^{éme} et XIII^{éme} Siècles*, pour une voix avec accompagnement de piano; adaptation française par M. D. Calvocoressi; adaptation anglaise par Ezra Pound. Londres: Augener Ltd.; Paris: Max Eschig; Boston: Boston Music Co. [1913].

DISCOGRAFIA

LPS

Troubadour and Trouvère Songs. Russell Oberlin (contratenor), Seymour Barab (viola). Com a "Chanson do·ill mot son plan e prim" de Arnaut Daniel. Expériences Anonymes EA (1957).

Chansons der Troubadours, Andrea Von Ramm (mezzo-soprano) e Richard Levitt (contratenor). Studio der frühen Musik, Direção de Thomas Binkley. Telefunken, série Das Alte Werk, SAWT 9567-B (1970).

Bernart de Ventadorn: Chanson d'amour (com Martin Codax: Canciones de Amigo). Andrea von Ramm e Richard Levitt. Studio der frühen Musik. Direção de Thomas Binkley. EMI Electrola, série Reflexe, C 063-30118 (1973).

L'Agonie du Languedoc. Andrea von Ramm, Richard Levitt, Claude Marti (declamador), Studio der frühen Musik. Direção de Thomas Binkley. EMI Electrola, série Reflexe 31C-D51 30132 (1976).

The Dawn of Romance – Songs and Music of the Early Troubadours of Provence, Martin Best, voz, alaúde e saltério. EMI – CDS 3785 (1978).

Cansós de Trobairitz (Lyrik der Trobairitz um 1200). Conjunto Hesperion XX. Jordi Savals Montserrat Figueras (canto) Hopkinson Smith, Lorenzo Alpert. EMI Electrola, série Reflexe, VSM C065-30.941.

Música do Tempo das Cruzadas. Consorte de Música Antiga de Londres (David Munrow). London Serenata – 410135-1. The Decca Record Co.Ltd (1971 e 1984).

CDS

A Troubadour in Hungary – Peire Vidal. Fraternitas Musicorum. Direção de Gergely Sárközy. Hungaroton HC 12102-2 (1981).

The Dante Toubadours – Mediaeval Ensemble de Martin Best. Inclui as três primeiras estrofes da "Chanso do·ill mot son plan e prim" e a Sextina de Arnaut, mas esta, apenas em versão instrumental. Nimbus NI 5005 (1983).

Songs of Chivalry – Mediaeval Ensemble de Martin Best. Inclui "Pois tal sabers", de Raimbaut d'Aurenga. Nimbus NI 5006 (1983).

I Trovatori nei Castelli e nelle Corti d'Europa. I Madrigalisti di Genova. Direção de Leopoldo Gamberini. Traz as duas primeiras estrofes da canção "Cant par la flors josta·l vert folh", de Bernart de Ventadorn, da qual (terceira estrofe) Ezra Pound extraiu as linhas citadas no Canto XX: "Si no·us vei domna don plus mi cal / Negus vezer mon bel pensar no val". Ars Nova CDAN 171 (1988).

Troubadour Music from the 12th and 13th Centuries (Gérard Zuchetto chante les Troubadours – XIIe e XIIIe siècles). Direção de Gérard Zuchetto. Inclui, além da Sextina, as canções "En cest sonet coind'e leri", de Arnaut, e "Er resplan la flors enversa", de Raimbaut, estas últimas musicadas por Zuchetto. CD 529 Gallo (1988).

Troubadour and Trouvère Songs. Russell Oberlin e Seymour Barab. Reproduz a gravação de 1957 (v. lista de LPs). Lyrichord Discs 8001 (1994).

Bernart de Ventadorn – Le Fou sur le Pont. Camerata Mediterranea. Direção de Joel Cohen. Erato WE810 (1994).

Jaufre Rudel. La Compagnie Medievale. Direção de Herré Bertaux. Pierre Verany PV 794022 (1994).

Sequentia – Dante & the Troubadours. Direção de Benjamin Bagby e Barbara Thornton. Contém a "Chanson do·il mot son plan e prim" e "Lo ferm voler", de Arnaut. Harmonia Mundi LC 0761 (1995).

Dante – Lo mio Servente Core – Ensemble Lucidarium. Direção de Avery Gosfield e Francis Bigg. Inclui a Sextina. ED 13051 (1996).

Amor de Lonh – The Distant Love of the Troubaodours – Martin Best Consort. Nimbus Records (1997) NI5544 (1997).

Vox Humana. Studio der Frühen Musik. Direção e execução de Thomas Binkley. Remasterizado de gravação de 1976). Traz a Sextina de Arnaut (Lo ferm voler que·l cor m'intra) e "Pois tal sabers", de Raimbaut, cantadas por Richard Levitt. Réflexe – EMI CDM 76 3144 2 (1998).

Troubadours. Clémencic Consort. Remasterizado de gravação de 1977. Harmonia Mundi HMD 94396 (1998).

Trob'art – concept 1. Troubadours Art Ensemble. Direção de Gérard Zuchetto. Inclui a canção de Raimbaut "Er resplan la flors enversa" (apenas declamada). Alienor AL 1103 (2000).

Courts, Kings and Troubadours: Mediaeval and Renaissance Music. Russell Oberlin, Seymour Barab et al. Inclui a gravação de Oberlin da "Chanson" de Arnaut. Fine Tune 4419 (2000).

Guillaume IX d'Aquitaine – Las cansos del Coms de Peiteus. Brice Duisit (chant et vièle à archet). Les Chants de la Terre, Alpha 505, Paris, 2003.

Na internet: as obras completas dos trovadores, incluindo melodias originais.

http://www.trobar.org

NOTA À DISCOGRAFIA

Das duas únicas melodias de Arnaut que sobreviveram, a "Chanson do·il mot son plan e prim" e a *Sestina*, por muitos anos só a primeira foi registrada em disco (*Expériences Anonymes* – EA-0012), em 1957, na extraordinária interpretação do contratenor norte-americano Russell Oberlin, acompanhado pela viola de Seymour Barab, com transcrição musical de Saville Clark – uma das mais belas canções que já ouvi. Algumas outras gravações foram surgindo a partir da segunda metade dos anos 70, mais bem difundidas na década seguinte, já na era do CD, incluindo a Sextina. Quanto a esta canção, destaco o registro do Studio des Frühen Musik, com Richard Levitt (de 1989, remasterizado de gravação de 1976). Além de surpreendente e ousado em sua entoação rítmica e quase-falada, traz todas as estrofes. A seguir, a interpretação de Benjamin Bagby (CD *Sequentia – Dante and The Troubadours* – 1995), ritmicamente menos sedutora, mas mais bem pronunciada e também completa. O CD *Lo mio servente core*, do Ensemble Lucidarium, (1996) traz outra bonita leitura musical, que, no entanto, salta duas estrofes do poema. Já a "Chanso do·ill mot son plan e prim" recebeu uma significativa interpretação de Barbara Thornton no CD *Dante and The Troubadours*, acima referido, mas que não supera a de Oberlin, ainda que lhe corrija os "u" pronunciados à francesa. O LP *Troubadour and Trouvère Songs*, com a "Chanso" na voz de Oberlin, teve uma reedição em CD, em 1994, e a faixa foi, ademais, incluída em outro CD – *Courts, Kings, & Troubadours: Mediaeval and Renaissance Music* (2000). Posso apenas conjecturar o que seria a melodia de "L'Aura Amara", a poesia-música em que faz ouvir "o irado chilrear dos pássaros no outono" (Ezra Pound).

No YouTube, podem ser encontradas, além de outras, de novas edições, algumas faixas extraídas das peças que constam da discografia:

As duas canções de Arnaut, a "Chanson do·ill mot son plan e prim" no registro do conjunto Sequentia:

https://youtu.be/ltw30UlFPhA

A Sextina, em interpretação de Thomas Binkley:

https://youtu.be/ArrbdR_l4eo

De Raimbaut, "Pois tal sabers", na leitura do conjunto de Martin Best, de *Songs of Chivalry*:

https://youtu.be/00PwxNh7EdM

A de Richard Levitt do Studio der Frühen Musik, sob direção de Thomas Binkley:

https://youtu.be/Bu8Y7IDe00Q

E ainda, a canção da "flors enversa" sobre melodia de trovador da mesma época, na leitura de Gérard Zuchetto:

https://youtu.be/ICpQGC9ncMQ

Todas, excelentes interpretações.

Há também uma notável reconstituição ao vivo de "Escotatz mas no say que s'es", de Raimbaut, por Thierry Cornillon, extraída de um concerto denominado Flors Enversa, executada na Catedral de Chartres, cantada sobre uma melodia de Marcabru. Dois registros de Cornillon:

https://youtu.be/v_Ag3gIA2S8

https://youtu.be/3KVYa7vxsrE

VÍDEOS REFERIDOS NO *BREVE PREFÁCIO*

As apresentações históricas das canções de Arnaut e Guilhem no Fábrica do Som:

https://youtu.be/7dPf-Sqs7Es

Edvaldo Santana dando um toque repentista à canção de Peitieu, para a qual ele compôs a música, e eu, uma animação digital:

https://youtu.be/Q6GcLLDFZ8k

Adriana Calcanhotto interpreta a "Canção de amor cantar eu vim", em provençal e em português, acompanhada por Cid Campos, apresentação da qual também participo:

https://youtu.be/Ob1nFLwnKWc

Leitura de Antonio Farinaci da primeira estrofe de "Can vei la lauzeta mover – Ao ver a ave leve mover". Farinaci canta em alto registro, à maneira dos intérpretes clássicos do cancioneiro trovadoresco provençal, mas com modernas sobreposições vocais, criando uma das mais belas leituras que conheço desta famosa obra:

https://youtu.be/wv487NWdf1Y

Melodia-mantra de Walter Franco ("Intradução") no espetáculo original:

https://youtu.be/XfT74UPkjwU

No CD *Tutano* (2001) de Walter, Diogo Franco, também músico, gravou a melodia criada pelo pai para o dístico extraído da canção de Bernart de Ventadorn:

https://youtu.be/iSVrW4MktWU

Índice de ilustrações

1. Raimbaut d'Aurenga em iluminura de manuscrito do Chansonnier provençal K - Bibliothèque Nationale de France 12473. 2.ª metade do século XIII. (pág. 13)
2. Arnaut Daniel em iluminura extraída de manuscrito do século XIII. (pág. 14)
3. Arnaut Daniel em iluminura do Chansonnier provençal K - Bibliothèque Nationale de France 12473. 2.ª metade do século XIII. (pág. 15)
4. Manuscrito contendo Vida (biografia), iluminura, a Canção X (*En cest sonet*) e a Canção XV (*Sol suis que sai*) - Chansonnier provençal K - Bibliothèque Nationale de France 12473. 2.ª metade do século XIII. (pág. 16)
5. Estrofes 3 a 7 da Canção XV (*Sols sui que sai*), Canção XIII (*Ar vei vermeills*) onde aparece a palavra "noigandres", e as primeiras estrofes da Canção (*L'aura amara*) Chansonnier provençal K - Bibliothèque Nationale de France 12473. 2.ª metade do século XIII. (pág. 17)
6. As primeiras estrofes da Canção XVIII (*Lo ferm voler que'l com m·intra*) e da Canção II (*Chanson do·il mot son plan e prim*) com a notação melódica. Canzoniere provenzale (R 71 Superiore) - Biblioteca Ambrosiana. 1.ª metade do século XIV. (pág. 18-19)
7. Canto XX com a inicial decorada (desenho de Gladys Hynes) na primeira edição de *A draft of the Cantos 17 to 27 of Ezra Pound*. Londres, John Rodker, 1928. (pág. 20)
8. Dante com a *Divina Comédia* em mão, por Domenico di Michelino, 1465. (pág. 21)
9. Dante e Guido Cavalcanti no quadro "Seis poetas toscanos", de Giorgio Vasari, 1544. (pág. 22)
10. Primeira edição de *Mais Provençais*, na versão artesanal de Cleber Teixeira, Editora Noa Noa, 1982. V. http://www.editoranoanoa.com.br/cleber-teixeira. (pág. 31)
11. A coluna assinada: Adaminus de Sancto Georgio me fecit. Igreja de San Zeno, Verona, século XII. "Angelico não veio da usura; Ambrogio Praedis não veio / Nenhuma igreja de pedra lavrada, com a inscrição: Adamo me fecit." (Ezra Pound, Canto XLV). (pág. 41)
12. Adão e Eva expulsos do Paraíso. Detalhe dos painéis de bronze da Igreja de San Zeno, Verona, século XII. (pág. 42)
13. Dicionário de Emil Levy com o verbete "enoi gandres". (pág. 162)
14. Representação do Inferno em pintura de Botticelli, Canto XVIII (detalhe). Wikimedia Commons. (pág. 180)
15. Representação do Inferno na edição da *Divina Comédia* publicada por Gregorio de Gregoriis, em Veneza, 1515. (pág. 191)
16. Representação do Purgatório, Canto XXVII. G. G. Macchiavelli, 1806. (pág. 233)
17. Beatriz e Dante em desenho de Botticelli (detalhe). (pág. 257)
18. Da edição das *Rime* de Guido Cavalcanti, Florença, 1813, contendo imagem do poeta por Francesco Inghirami. (pág. 260)

Obras de Augusto de Campos

POESIA

O rei menos o reino. São Paulo: edição do autor, 1951.
Ad Augustum per Angusta. *Noigandres*, São Paulo, n. 1, 1952.
O sol por natural. *Noigandres*, São Paulo, n. 1, 1952.
Poetamenos. *Noigandres*, São Paulo, n. 2, fevereiro de 1955. 2. ed. São Paulo, Edições Invenção, 1973.
Antologia Noigandres. São Paulo: Massao Ohno, 1962.
Linguaviagem (cubepoem), limited edition of 100 copies, designed by Philip Steadman. Brighton: 1967. E na versão original, edição do autor, São Paulo, 1970.
Equivocábulos. São Paulo: Edições Invenção, 1970.
Colidouescapo. São Paulo: Edições Invenção, 1971. 2. ed., São Paulo: Amauta, 2006.
Poemóbiles. São Paulo: edição dos autores, 1974. 2. ed. São Paulo: Brasiliense, 1985. 3. ed. São Paulo: Annablume, 2010. Em colaboração com Julio Plaza.
Caixa preta. São Paulo: edição dos autores, 1975. Poemas e objetos-poemas em colaboração com Julio Plaza.
Viva vaia. São Paulo: Duas cidades, 1979. 2. ed. São Paulo: Brasiliense, 1986. 3. ed. (revista e ampliada e com CD), São Paulo: Ateliê Editorial, 2001. 4. ed. São Paulo: Ateliê Editorial, 2008.
Expoemas. São Paulo: Entretempo, 1985. Serigrafias de Omar Guedes.
Não. São Paulo: edição do autor, 1990. Poema-xerox.
Poemas. Org. Gonzalo M. Aguilar. Buenos Aires: Instituto de Literatura Hispanoamericana, 1994. 2. ed. ampliada: Gog y Magog Ediciones, 2012 e 2014. Antologia bilíngue.
Poetamenos. Edição, tradução e notas: Gonzalo Aguilar e Gerardo Jorge. Buenos Aires: N Direcciones y Document-art, 2014.
Despoesia. São Paulo: Perspectiva, 1994. (1979-1993)
Poesia é risco. Rio de Janeiro: Polygram, 1995. 2. ed. com acréscimos: São Paulo: Selo Sesc, 2011. CD-livro. Antologia poético-musical de *O rei menos o reino* a *Despoemas*, em colaboração com Cid Campos.
Despoesia. Prefácio e tradução de Jacques Donguy, Romainville. Marselha: Éditions Al Dante, 2002.
Não. São Paulo: Perspectiva, 2003. Com o CDR Clip-Poemas e animações digitais. 2. ed.: 2008.
Poètemoins. Prefácio e traduções de Jacques Donguy. Dijon: Les Presses du Réel, 2011. Antologia.
Profilogramas. São Paulo: Perspectiva, 2011.
Cidadecitycité. São Paulo: Editora Granada, 2014. Em versão poema-objeto por Ana Lúcia Ribeiro.
Poetamenos. Buenos Aires: Gog y Magog Ediciones, 2014.
Outro. São Paulo: Perspectiva, 2015.

Hangszóképversek. Budapeste: 2017. Vencedor do Grande Prêmio de Poesia Janus. Poemas Verbovocovisuais. Antologia poética, edição bilíngue: em húngaro e português. Vencedora do Grande Prêmio de Poesia Janus Pannonius.

Lenguaviaje (Linguaviagem). Santiago: 2017. Edição ampliada: Bogotá: Ediciones Uniandes, 2019. Nova edição ampliada: Madri: Libros de la Resistencia, 2020. Antologia poética bilíngue: luso-espanhola. Vencedora do Prêmio Iberoamericano de Poesia Pablo Neruda, Chile.

Outro (Autre). Edição de Jacques Donguy. *Celebrity Café*, Dijon, France, Les Presses du Réel, 2019. Edição dedicada ao poeta.

Poesie. Tradução de Simone Homem de Melo. São Paulo: Annablume, 2019. Antologia de poemas, edição bilíngue: alemão-português

Entredados. Livro-CD, em colaboração com Cid Campos. São Paulo, editora Laranja Original, 2022.

ENSAIOS DIVERSOS

Re/Visão de Sousândrade. São Paulo: Edições Invenção, 1964. 2. ed. ampliada: São Paulo: Nova Fronteira, 1982. 3. ed. ampliada: São Paulo: Perspectiva, 2002. Com Haroldo de Campos.

Teoria da poesia concreta. São Paulo: Edições Invenção, 1965. 2. ed. ampliada: São Paulo, Duas Cidades, 1975. 3. ed. São Paulo: Brasiliense, 1987. 4. ed. São Paulo: Ateliê Editorial, 2006). Com Décio Pignatari e Haroldo de Campos.

Sousândrade – Poesia. Rio de Janeiro: Agir, 1966. Com Haroldo de Campos. 3. ed. revista: 1995.

Balanço da bossa. São Paulo: Perspectiva, 1968. Com Brasil Rocha Brito, Julio Medaglia, Gilberto Mendes. 2. ed. ampliada: *Balanço da bossa e outras bossas*. São Paulo: Perspectiva, 1974.

Guimarães Rosa em três dimensões. São Paulo: Comissão Estadual de Literatura, Secretaria da Cultura, 1970. Com Haroldo de Campos e Pedro Xisto.

Re/Visão de Kilkerry. São Paulo: Fundo Estadual de Cultura, Secretaria da Cultura, 1971. 2. ed. ampliada. São Paulo: Brasiliense, 1985.

Revistas re-vistas: os antropófagos. Introdução à reedição fac-similar da "Revista de Antropofagia", São Paulo, Abril/Metal Leve S.A., 1975.

Reduchamp. São Paulo: Edições S.T.R.I.P., 1976. 2. ed. São Paulo: Annablume, 2010. Com iconogramas de Julio Plaza.

Poesia antipoesia antropofagia. São Paulo: Cortez e Moraes, 1978.

Poesia antipoesia antropofagia & cia. São Paulo: Companhia das Letras, 2015. Nova edição, revista e ampliada.

Pagu: vida-obra. São Paulo: Brasiliense, 1982. Nova edição revista e ampliada. São Paulo: Companhia das Letras, 2014.

À margem da margem. São Paulo: Companhia das Letras, 1989.

O enigma Ernani Rosas. Florianópolis: Editora UEPG, 1996.

Os sertões dos Campos. Rio de Janeiro: Sette Letras, 1997. Com Haroldo de Campos.

Música de invenção. São Paulo: Perspectiva, 1998.

Música de invenção 2. São Paulo: Perspectiva, 2016.

TRADUÇÕES E ESTUDOS CRÍTICOS

Dez poemas de E. E. Cummings. Rio de Janeiro: Serviço de Documentação-MEC, 1960.
Cantares de Ezra Pound. Rio de Janeiro: Serviço de Documentação-MEC, 1960. Com Décio Pignatari e Haroldo de Campos.
Panaroma do Finnegans Wake. São Paulo: Comissão Estadual de Literatura, Secretaria da Cultura, 1962. Com Haroldo de Campos. 2. ed. ampliada, São Paulo: Perspectiva, 1971. 3. ed. ampliada: 2001.
Poemas de Maiakóvski. Rio de Janeiro: Tempo Brasileiro, 1967. Com Boris Schnaiderman e Haroldo de Campos. 2. ed. ampliada: São Paulo: Perspectiva, 1982. Nova edição comemorativa, revista e ampliada: São Paulo: Perspectiva, 2017.
Poesia russa moderna. Rio de Janeiro: Civilização Brasileira, 1968. 2. ed. ampliada: São Paulo: Brasiliense, 1985. 3. ed. ampliada: São Paulo: Perspectiva, 2001. Com Haroldo de Campos e Boris Schnaiderman.
Traduzir e trovar. São Paulo: Papyrus, 1968. Com Haroldo de Campos.
Antologia poética de Ezra Pound. Lisboa: Ulisseia, 1968. Com Décio Pignatari, Haroldo de Campos, José Lino Grünewald e Mário Faustino.
ABC da literatura, de Ezra Pound. Tradução com José Paulo Paes. São Paulo: Cultrix, 1970.
Mallarmargem. Rio de Janeiro: Noa Noa, 1971.
Mallarmé. São Paulo: Perspectiva, 1978. Com Décio Pignatari e Haroldo de Campos.
O tygre, de William Blake. São Paulo: edição do autor, 1977.
John Donne: o dom e a danação. Florianópolis: Noa Noa, 1978.
Verso reverso controverso. São Paulo: Perspectiva, 1979. 2. ed.: 2009.
20 poem(a)s: E. E. Cummings. Florianópolis: Noa Noa, 1979.
Mais Provençais: Raimbaut e Arnaut. Florianópolis: Noa Noa, 1982. 2. ed., ampliada: São Paulo: Companhia das Letras, 1987.
Ezra Pound: poesia. Organização, introdução e notas de A. de Campos. São Paulo: Hucitec/Universidade de Brasília, 1983-1993 (3 edições). Com D. Pignatari, H. de Campos, J. L. Grünewald e M. Faustino.
Paul Valéry: a serpente e o pensar. São Paulo: Brasiliense, 1984. 2. ed. São Paulo: Editora Ficções, 2011.
Ode a um rouxinol e ode sobre uma urna grega: John Keats. Florianópolis: Noa Noa, 1984. Edição bilíngue.
De segunda a um ano: John Cage. São Paulo: Hucitec, 1985. 2. ed. Rio de Janeiro: Cobogó, 2014. Introdução e revisão da tradução de Rogério Duprat.
40 poem(a)s: E. E. Cummings. São Paulo: Brasiliense, 1986.
O anticrítico. São Paulo: Companhia das Letras, 1986. Nova edição: São Paulo: Companhia das Letras, 2020.
Linguaviagem. São Paulo: Companhia das Letras, 1987.
Porta-Retratos: Gertrude Stein. Florianópolis, Noa Noa, 1989. Edição bilíngue.
Hopkins: cristal terrível. Florianópolis: Noa Noa, 1991.
Pré-lua e pós-lua. São Paulo: Arte Pau Brasil, 1991. Edição bilíngue.
Rimbaud livre. São Paulo: Perspectiva, 1992.

Irmãos germanos. Florianópolis: Noa Noa, 1993.
Rilke: poesia-coisa. Rio de Janeiro: Imago, 1994.
Hopkins: a beleza difícil. São Paulo: Perspectiva, 1997.
Mallarmargem 2. Florianópolis: Noa Noa, 1998.
Poem(a)s: E.E. Cummings. Rio de Janeiro: Francisco Alves, 1999.
Coisas e anjos de Rilke. São Paulo: Perspectiva, 2001. 2. ed. ampliada: 2013.
Invenção: de Arnaut e Raimbaut a Dante e Cavalcanti. São Paulo: Arx, 2003. Edição bilíngue.
Poesia da recusa. São Paulo: Perspectiva, 2006.
Quase-Borges + 10 transpoemas. São Paulo: Fundação Memorial da América Latina, 2006.
Emily Dickinson: não sou ninguém – poemas. Campinas: Editora da Unicamp, 2008. Nova edição, revista e ampliada: 2015. Edição bilíngue.
August Stramm: poemas-estalactites. São Paulo: Perspectiva, 2008.
Byron e Keats: entreversos. Campinas: Editora da Unicamp, 2009.
Poética de Os Sertões. São Paulo: Annablume/Casa Guilherme de Almeida, 2010.
Poem(a)s: E. E. Cummings. Campinas: Editora da Unicamp, 2011. Edição revista e ampliada.
Quase Borges: 20 transpoemas e uma entrevista. São Paulo: Terracota Editora, 2013.
Jaguadarte, de Lewis Carroll. São Paulo: Editora Nhambiquara, 2014.
Retrato de Maiakóvski quando jovem. São Paulo/Belo Horizonte: Selo Demônio Negro, 2016. Edição bilíngue, cinco poemas.
Retrato de Sylvia Plath como artista: extraduções. Londrina: Galileu Edições, 2018. Edição bilíngue.
Marianne Moore: 10 poemas: extraduções. Londrina: Galileu Edições, 2019. Edição bilíngue.
Rimbaud: extraduções. Londrina: Galileu Edições, 2019. Edição bilíngue.
Esses russos: extraduções. Londrina: Galileu Edições, 2019.
Latinogramas: extraduções. Londrina: Galileu Edições, 2019. Edição bilíngue.
Poetas bizarros na internet: extraduções. Londrina: Galileu Edições, 2019. Edição bilíngue.
Irmãos humanos, de Machaut a Villon: extraduções. Londrina: Galileu Edições, 2020. Edição bilíngue.
Loja do livro italiano, poesia da resistência: extraduções. Londrina: Galileu Edições, 2020. Edição bilíngue.
Franceses, de Nerval a Roussel: extraduções. Londrina: Galileu Edições, 2020. Edição bilíngue.
Dessurrealistas franceses: extraduções. Londrina: Galileu Edições, 2020. Edição bilíngue.
Invenção: de Arnaut e Raimbaut a Dante e Cavalcanti. São Paulo: Arx, 2003. Edição bilíngue. 2. ed., revista e ampliada: São Paulo: Laranja Original, 2021.
Entreshakespeares: extraduções. Londrina: Galileu Edições, 2022. Edição bilíngue.

Índice onomástico

Andrade, Mário de, 185
Appel, Carl, 52, 111, 272
Araripe, Tiago, 29
Assis, Machado de, 185

Bagby, Benjamin, 49, 276, 277
Balla, Giacomo, 264
Bandeira, Manuel, 176
Barab, Seymour, 49, 275, 276, 277
Barros, Geraldo de, 263
Bartsch, Karl, 45, 164, 174
Bec, Pierre, 49, 172, 272, 274
Beck, J. B., 45, 275
Bedford, Agnes, 167, 275
Belli, Giuseppe Gioachino, 264
Berry, André, 45, 174
Best, Martin, 44, 275, 276, 278
Bizzarri, Edoardo, 185
Bogin, Meg, 170, 272
Born, Bertran de, 33, 89, 131, 150, 166, 171, 187, 189, 231, 272
Bornelh, Giraut de, 44, 255
Botticelli, Sandro, 180, 257, 280
Bouvilla, Guillem de, 72, 73
Bowra, M., 45
Briffault, Robert, 50, 273
Bubb, C. C., 40
Byron, George Gordon, 263, 284

Calcanhotto, Adriana, 29, 30, 279
Campos, Cid, 29, 30, 279, 281, 282
Campos, Haroldo de, 23, 163, 169, 187, 264, 265, 282, 283
Canello, U. A., 39, 45, 51, 121, 129, 143, 155, 165, 172, 173, 174, 272
Cavalcanti, Péricles, 176
Cesar, Ana Cristina, 30, 175, 176
Chabaneau, Camille, 51
Chaucer, Geoffrey, 183, 275
Clark, Saville, 49, 277
Corbin, Solange, 49
Cordeiro, Waldemar, 263

Cozzella, Damiano, 263
Curtius, Ernst Robert, 184, 273

Dickinson, Emily, 175, 176, 284
Diez, Friedrich Christian, 51, 143, 164
Donne, John, 37, 176, 178, 283

Eliot, T. S., 165, 169, 183, 189, 190
Eusebi, Mario, 39, 174, 272

Farinaci, Antonio, 29, 30, 279
Fiaminghi, Hermelindo, 263
Figueiredo, Cândido de, 173
Franco, Walter, 29, 279

Galvão, Patrícia (Pagu), 264
Gennrich, F., 167, 275
Gesualdo, Carlo, 264
Guilhem d'Aurenga, 57
Guinizelli, Guido, 190, 252, 253

Henrique II Plantageneta, 189
Hollanda, Chico Buarque de, 167
Hollanda, Heloisa Buarque de, 175, 176
Hower, Alfred, 164, 273

Jeanroy, Alfred, 51, 273

Kenner, Hugh, 125, 273
Koschwitz, Eduard, 174

Lavaud, René, 39, 40, 45, 51, 52, 121, 143, 150, 155, 163, 165, 172, 173, 174, 272, 275
Levitt, Richard, 43, 49, 275, 277, 278
Levy, Emil, 24, 25, 26, 27, 129, 162, 163, 164, 165, 172, 173, 274, 275, 280

Maiakóvski, Vladimir, 47, 283, 284
Mallarmé, Stéphane, 47, 169, 283
Marino, Giambattista, 264
Markin, Peter, 125

Marrou, Henri-Irénée, 49, 167, 274
Marshall, J. H., 155, 157
Maruelh, Arnaut de, 73
McDougal, Stuart Y., 46, 274
Medaglia, Julio, 263, 282
Montale, Eugenio, 264
Murolo, Roberto, 264

Naves, Rodrigo, 37, 163
Nono, Luigi, 264

Oberlin, Russell, 49, 275, 276, 277
Ovídio, 121, 185

Papa Inocêncio III, 29, 40
Pattison, Walter T., 43, 52, 155, 163, 272
Peitieu, Guilhem de, 30, 33, 43, 44, 50, 166, 169, 279
Perugi, Maurizio, 39, 172, 173, 174, 272
Pessoa, Fernando, 44
Petrarca, Francesco, 29, 166, 168, 169
Pignatari, Décio, 23, 163, 263, 264, 282, 283
Pinheiro, Xavier, 184, 189
Porcairagues, Azalais de, 69
Pound, Ezra, 29, 30, 33, 39, 40, 41, 45, 46, 47, 49, 50, 125, 155, 163, 164, 165, 166, 167, 168, 169, 170, 171, 172, 177, 178, 183, 188, 189, 190, 264, 265, 273, 274, 275, 276, 277, 278, 280
Properzio (Sextus Aulus Propertius), 24, 25

Raimon de Tolosa (Raimon V), 127
Ramil, Victor, 29
Raynouard, M., 121, 164, 275
Riquer, Martín de, 39, 44, 48, 56, 167, 272, 274, 278
Rodrigues Lapa, Manuel, 173
Roubaud, Jacques, 172, 273, 274
Rummel, Walter Morse, 39, 45, 167, 275

Sacilotto, Luiz, 263
Sakari, Aimo, 69
Santana, Edvaldo, 29, 30, 279
Scelsi, Giacinto, 264
Sieburth, Richard, 40, 170, 274
Sinisgalli, Leonardo, 264
Sordello, 187, 189, 190, 238
Spina, Segismundo, 174, 274

Teixeira, Cleber, 29, 31, 37, 171, 175, 178, 280
Thornton, Barbara, 49, 276, 277
Toja, Gianluigi, 39, 45, 48, 51, 52, 72, 111, 121, 143, 155, 163, 165, 172, 173, 174, 272
Tragtenberg, Livio, 29
Tragtenberg, Lucila, 29, 30

Veloso, Caetano, 167, 176
Ventadorn, Bernart de, 30, 33, 166, 275, 276, 279
Vidal, Peire, 39, 272, 273, 276
Vidal, Raimond, 155
Vieira, Yara Frateschi, 173
Villon, François, 183, 284
Volpi, Alfredo, 263

Ward, Charlotte, 40, 170
Wilhelm, James J., 39, 52, 155, 157, 272, 274

© 2021 Augusto de Campos
Todos os direitos desta edição reservados à Laranja Original.

www.laranjaoriginal.com.br

Edição
Filipe Moreau, Germana Zanettini, Bruna Lima e Marcelo Girard

Projeto gráfico e pesquisa
Marcelo Girard

Produção executiva
Bruna Lima

Diagramação
IMG3

Colaboração
Theo Bozon, Julie Campos e Renata Py

Fotografia do autor
Fernando Lazlo

Imagem das capas
Porta de bronze da Igreja de San Zeno, Verona, século XII

Dados Internacionais de Catalogação na Publicação (CIP)
(Câmara Brasileira do Livro, SP, Brasil)

Invenção : de Arnaut e Raimbaut a Dante e Cavalcanti / tradução Augusto de Campos. – 3. ed. – São Paulo, SP : Editora Laranja Original, 2021.

Título original: Invenção.
ISBN 978-65-86042-27-6

1. Literatura medieval 2. Poesia provençal 3. Trovadores.

21-87014 CDD-849

Índices para catálogo sistemático:
1. Poesia provençal 849
Eliete Marques da Silva - Bibliotecária - CRB-8/9380

Laranja Original Editora e Produtora Eireli
Rua Capote Valente, 1198
05409-003 São Paulo SP
Tel. 11 3062-3040
contato@laranjaoriginal.com.br

MISTO
Papel produzido a partir de fontes responsáveis
FSC® C027686

Fonte Sabon
Papel Pólen Bold 90 g/m²
Impressão Oficina Gráfica
Tiragem desta edição 150 exemplares
Julho de 2022